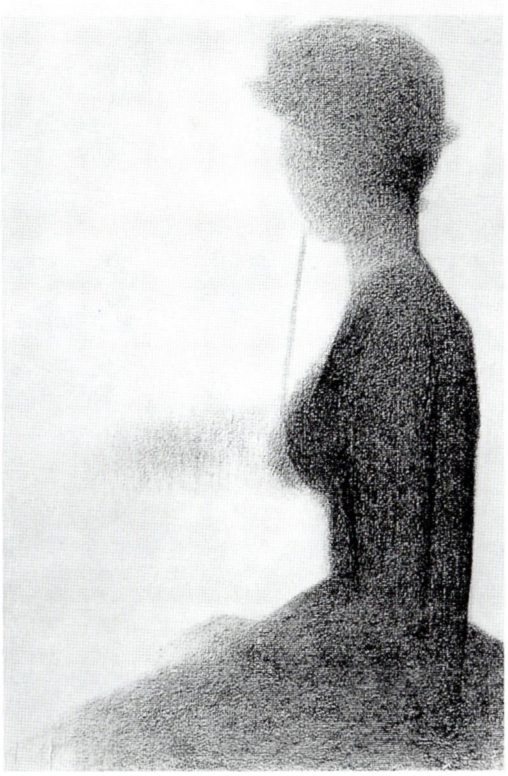

Seurat

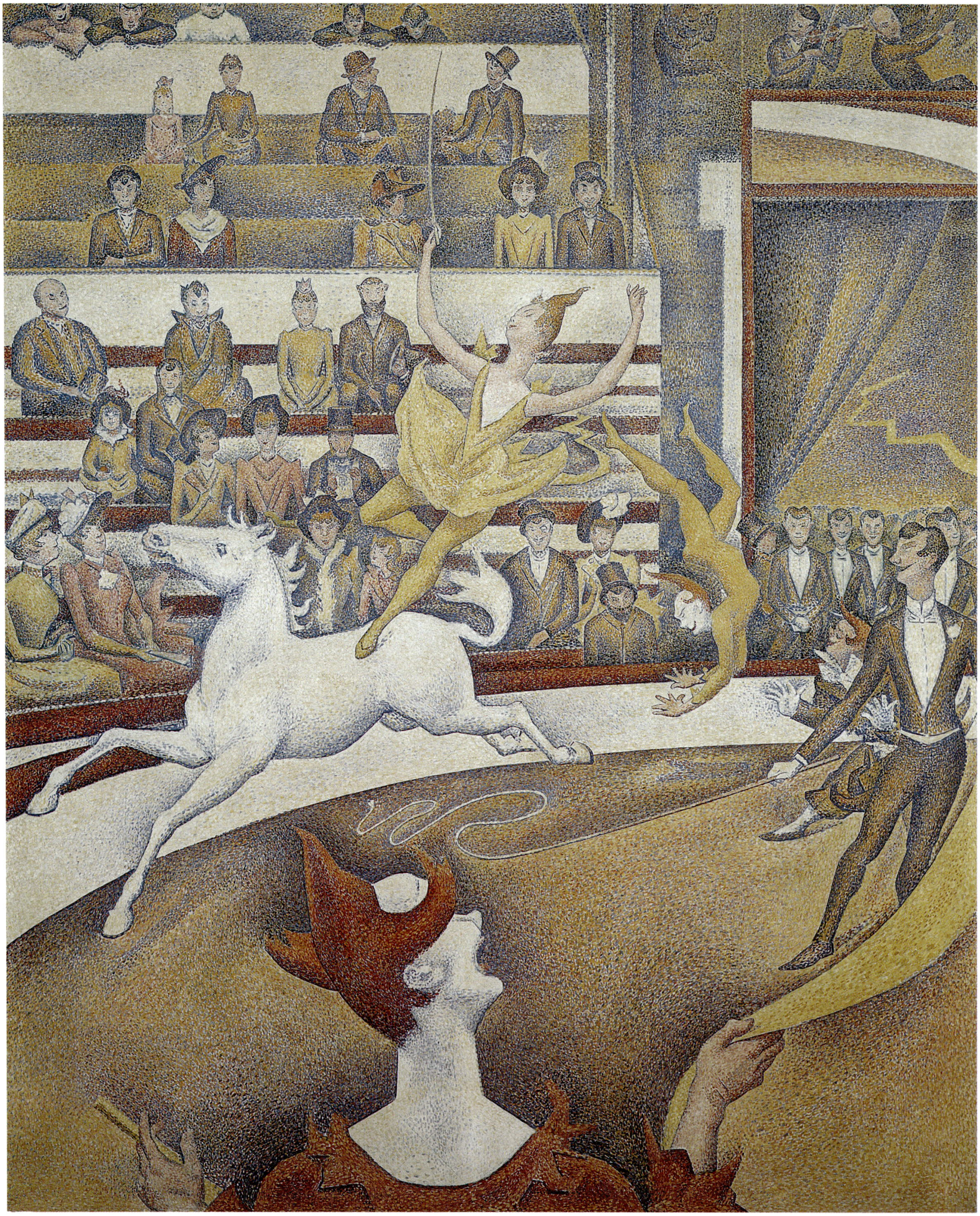

Hajo Düchting

Georges Seurat
1859–1891

Un petit point lourd de conséquences

TASCHEN
KÖLN LONDON MADRID NEW YORK PARIS TOKYO

COUVERTURE:
Un dimanche à la Grande Jatte (détail), 1884–1886
Huile sur toile, 207,6 x 308 cm
Chicago, The Art Institute of Chicago, Helen Birch Bartlett Memorial Collection, 1926.224

PAGE 1:
Jeune femme à l'ombrelle, 1884
Crayon Conté, 48 x 31,4 cm
Chicago, The Art Institute of Chicago

PAGE 2:
Le Cirque, 1890–1891
Huile sur toile, 185,5 x 152,5 cm
Paris, Musée d'Orsay

DOS DE COUVERTURE:
Maximilien Luce
Seurat, 1890
Lithographie

CI-DESSOUS:
Le Peintre au travail, vers 1884
Crayon Conté, 31,1 x 23,2 cm
Philadelphie, The Philadelphia Museum of Art, A. E. Gallatin Collection

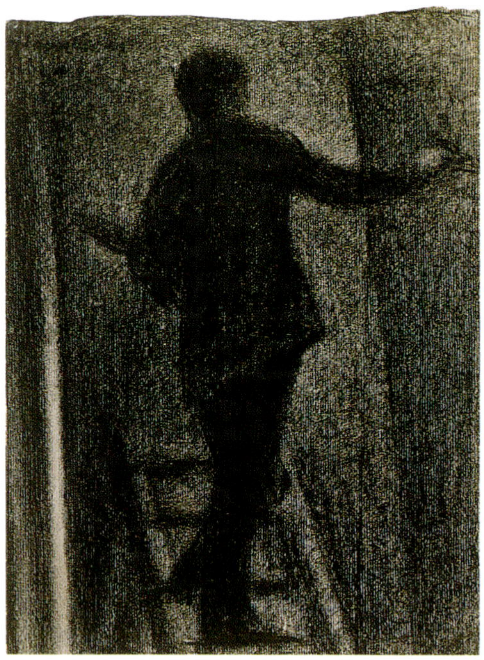

Conception et coordination: Ute Kieseyer, Cologne
Traduction: Thérèse Chatelain-Südkamp, Cologne
Production: Martina Ciborowius, Cologne
Couverture: Angelika Taschen, Claudia Frey, Cologne

Printed in Germany
ISBN 3–8228–6983–X
F

Sommaire

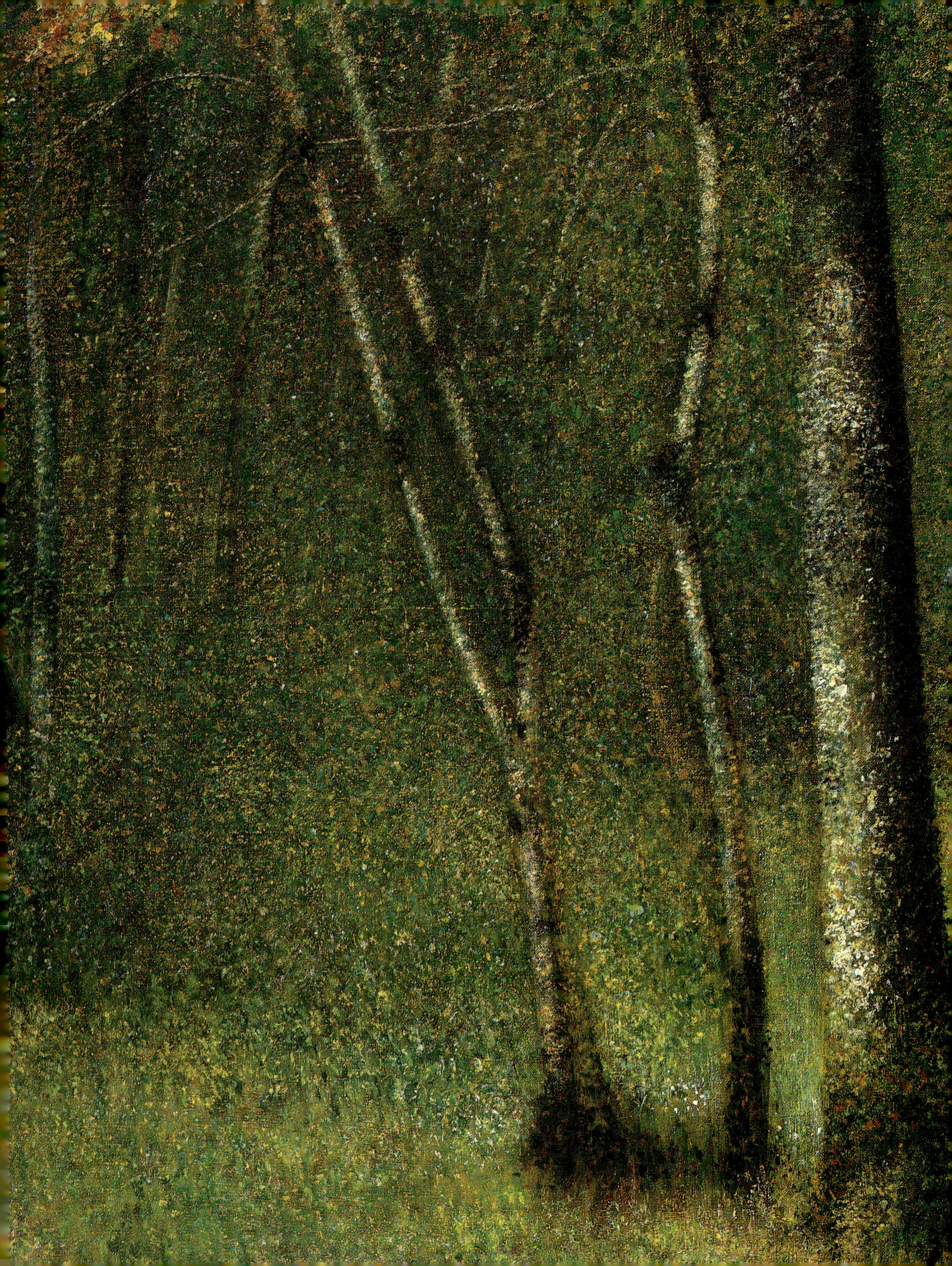

De l'académisme à l'impressionnisme

Taciturne, timide, mais aussi étrangement fier, le jeune Georges Seurat vivait retiré dans un petit atelier du boulevard Clichy à Paris. Par rapport à d'autres peintres du XIXe siècle, comme Vincent van Gogh ou Paul Gauguin, il semblait mener une vie plutôt calme. On ne pouvait lui lancer de défi que dans les questions sur l'art. Il était alors capable de discuter pendant des heures, expliquant ses conceptions et exposant les dernières théories sur l'art et les couleurs dont la nouvelle peinture ne pouvait plus se passer selon lui. Grâce à sa persévérance, il devint bientôt une figure de proue de la nouvelle scène artistique parisienne, laquelle s'éloignait toujours plus, dans les années 1880, des anciens idéaux des impressionnistes – fougue et intuition – pour rechercher de nouvelles valeurs dans l'art.

Les maîtres de l'impressionnisme, comme Claude Monet, Auguste Renoir et Edgar Degas, étaient désormais établis. On copiait même leur style dans les salons, d'une façon plus modérée il est vrai. Pourtant beaucoup de jeunes peintres ne voulaient plus se contenter de l'exécution spontanée, virtuose et subjective des impressionnistes. En quête de bases scientifiques, ils étaient donc fascinés par la passion inconditionnelle de Seurat pour la peinture et par la croyance qu'il affichait dans les règles vérifiables censées conférer à la peinture moderne une nouvelle force de persuasion.

À la fin des années 1870, Émile Zola qui s'était fait, jadis, le champion des impressionnistes s'éleva de plus en plus contre l'aspect non fini, cette impression d'en être resté au stade de l'esquisse, de la peinture impressionniste. Dans un article sur Monet, il constatait que la peinture française traversait une crise et en accusait les impressionnistes. Selon Zola, le malheur était qu'aucun artiste de ce groupe n'avait concrétisé la formule qui se présentait dispersée dans l'œuvre de tous. Ils étaient tous des précurseurs, le génie n'était pas encore né.

Ce genre de critiques adressées à la peinture contemporaine confirmait Seurat dans son dessein de s'investir pleinement dans une nouvelle peinture qui, tout en se rattachant à la tradition artistique, devait dégager une puissance et un rayonnement inédits.

Hormis la peinture, peu de choses comptaient pour le peintre. Arsène Alexandre, écrivain contemporain de Seurat, le dépeignait de la sorte : « Seurat faisait partie de ces paisibles cabochards qui ont l'air d'avoir peur de tout mais qui, en définitive, ne reculent devant rien. Il travaillait avec beaucoup d'acharnement et vivait comme un moine complètement isolé dans un petit atelier. » Seurat cacha même, aussi longtemps que possible, le premier et unique amour

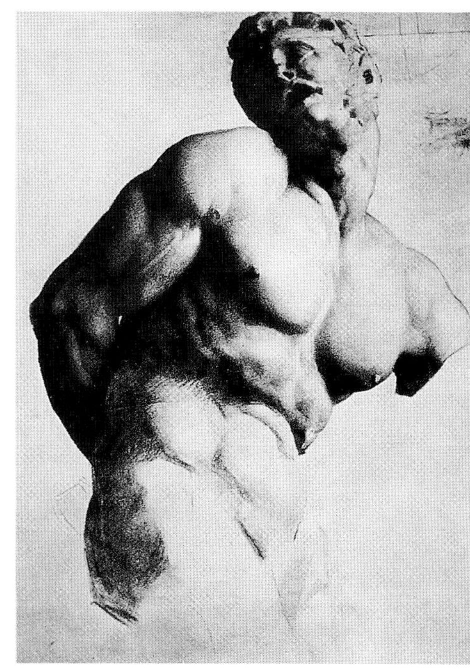

Prométhée, 1877
Dessin, 67 x 48 cm
Paris, Collection particulière

PAGE 6 :
Sous-bois à Pontaubert, vers 1881–1882
Huile sur toile, 79,1 x 62,6 cm
New York, The Metropolitan Museum of Art
Purchase, Gift of Raymonde Paul, in memory of her brother, C. Michael Paul, by exchange 1985, (1985.237)

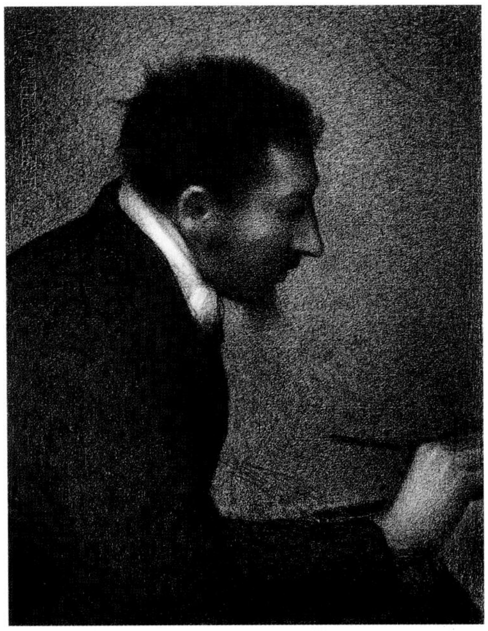

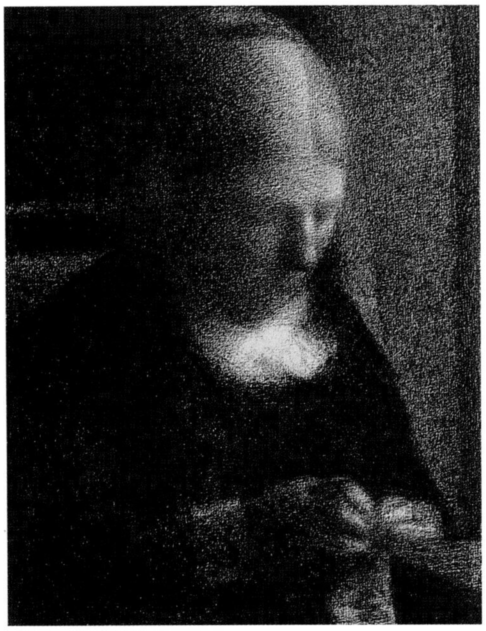

La Mère de l'artiste, vers 1882–1883
Crayon Conté, 31,2 x 24 cm
New York, The Metropolitan Museum of Art
Purchase, Joseph Pulitzer Bequest, 1951; acquired from The Museum of Modern Art, Lillie P. Bliss Collection, (55.21.1)

EN HAUT :
Aman-Jean, 1883
Crayon Conté, 62,2 x 47,6 cm
New York, The Metropolitan Museum of Art
Bequest of Stephen C. Clark, 1960, (61.101.16)

PAGE 9 :
Petit paysan en bleu ou ***Le Jockey***, vers 1881–1882
Huile sur toile, 46,5 x 38 cm
Paris, Musée d'Orsay

de sa vie. En effet Madeleine Knobloch vécut avec lui dans son petit atelier du passage de l'Élysée-des-Beaux-arts à l'insu des amis et de la famille du peintre. Ce n'est qu'après sa mort qu'ils eurent connaissance de sa liaison avec la jeune femme qui lui avait donné un fils. L'enfant mourut un an après sa naissance de la même infection qui avait emporté Seurat, peu auparavant, à l'âge de 31 ans seulement. Quelque temps après, la mère de l'enfant disparut du cercle de la famille sans laisser de traces.

Georges Seurat était issu d'un milieu bourgeois. Son père Chrysostome-Antoine avait pu économiser un petit pécule lorsqu'il travaillait comme huissier à La Villette, petite commune au nord de Paris. Grâce à lui, son fils put mener une vie indépendante et n'eut jamais de soucis d'argent contrairement à certains de ses amis peintres, comme Camille Pissarro (1830–1903) par exemple. Chrysostome-Antoine vivait déjà de ses rentes quand son fils vit le jour. Il avait perdu un bras au cours d'un accident et passait pour être un original, en partie à cause de quelques obscures marottes. Taciturne, il vivait la plupart du temps en solitaire dans une maison au Raincy, à une douzaine kilomètres de sa famille qui habitait un appartement confortable sur le boulevard Magenta.

La mère de Seurat, une demoiselle Veillard, descendait d'une vieille famille parisienne qui avait engendré de nombreux sculpteurs depuis 1750. Faivre, le grand-père de Seurat, était bijoutier dans la rue de la Barillerie, puis s'installa plus tard dans la rue Saint-Julien-le-Pauvre.

Georges Seurat était le troisième de quatre enfants. Émile, son aîné, embrassa avec plus ou moins de bonheur la carrière d'écrivain dramatique et vécut, plus tard, sur sa part d'héritage. Son plus jeune frère, Gabriel, mourut à l'âge de cinq ans. Sa sœur, Marie-Berthe, devait épouser Léon Appert, ingénieur de l'École Centrale, qui fut connu pour son travail de maître dans un atelier de souffleurs.

Georges Seurat, quant à lui, emprunta le chemin de l'art et suivit, contrairement à ses prédécesseurs impressionnistes, une formation classique. À quinze ans, il fréquenta l'école municipale de dessin, située rue des Petits-Hôtels, à proximité de l'appartement de ses parents. C'est là qu'il se lia d'amitié avec Edmond Aman-Jean (1858–1935/36) lequel fut admis en même temps que lui, en 1878, à l'École des Beaux-Arts. Les cours dispensés par Henri Lehmann (1814–1882), élève plutôt insignifiant de Jean Auguste Dominique Ingres (1780–1867), consistaient à reproduire au dessin des plâtres et des modèles vivants. Pour l'école classique d'Ingres, la ligne était l'élément essentiel de l'art. La couleur était considérée comme accessoire, comme un joli à-côté. Aussi l'académie attachait-elle une importance particulière à l'enseignement du dessin et de la composition.

Au début, Seurat se rallia à ces conceptions sans opposer trop de résistance. La preuve en sont les nombreux dessins de nus et de statues grecques en plâtre (repr. p. 7, 11). Par ailleurs, il disposait d'assez de liberté pour effectuer ses propres études artistiques. « Il passait une grande partie de son temps à la bibliothèque de l'école où il regardait les livres, les gravures et les photographies », écrivit le peintre Paul Signac (1863–1935) à propos de son ami Seurat. C'est ainsi qu'il redécouvrit un livre, qu'il avait déjà lu écolier. Il s'agissait de la *Grammaire des arts du dessin*, rééditée pour la troisième fois en 1876 et rédigée par Charles Blanc (1813–1882), critique d'art influent et ancien directeur des Beaux-Arts. Attaché à un idéal classique, ce dernier exigeait que l'art retourne aux théories italiennes du XVIIe siècle. Ce retour en arrière à un idéal artistique classique était visible dans la chapelle des Beaux-Arts où Blanc avait fait copier *La Bataille d'Héraclès* et *La Découverte de la vraie croix*, fresques peintes à

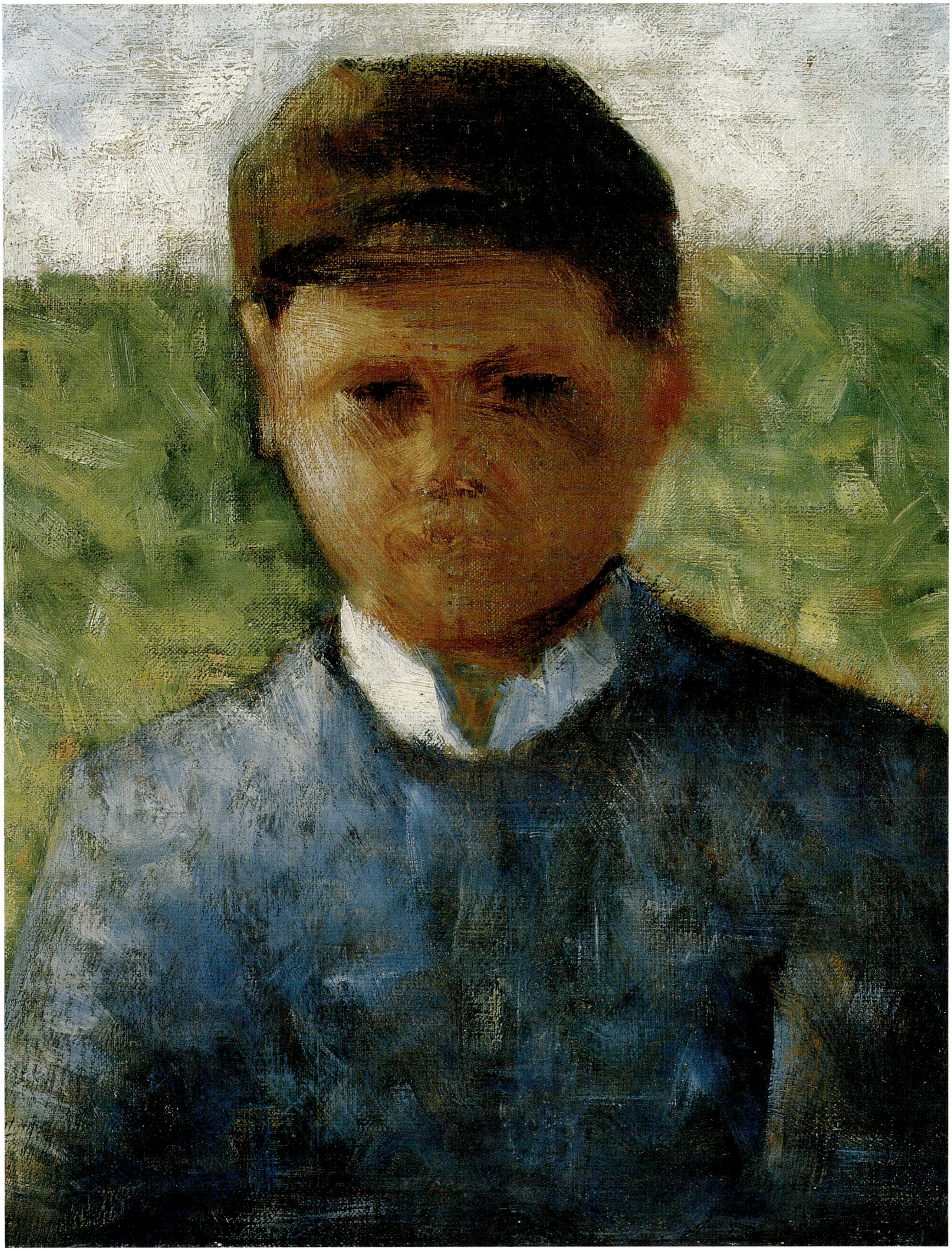

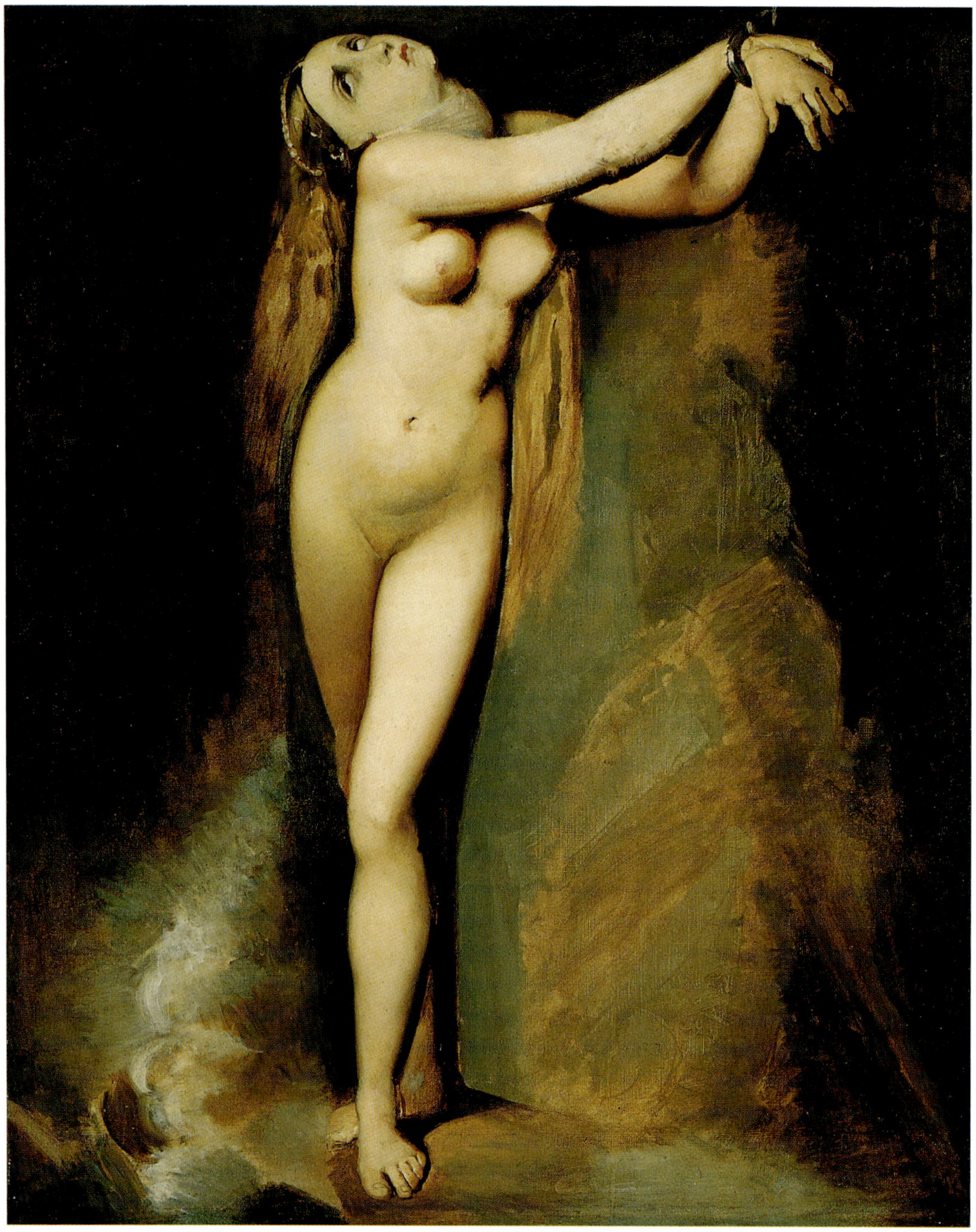

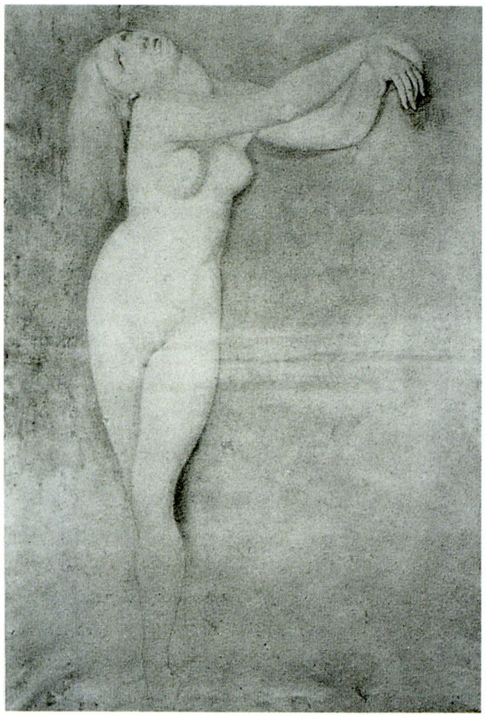

Arezzo par Piero della Francesca (1410/20–1492). Il est bien possible que Seurat ait aussi étudié ces tableaux dans la chapelle et qu'il ait ainsi appris à aimer la peinture italienne à ses débuts.

Sous l'influence de Blanc toutefois, Seurat étudia non seulement l'idéal académique de façon plus approfondie, mais rencontra toute une panoplie d'idées et de théories qu'il allait faire fructifier plus tard dans son œuvre. Pour Blanc, le peintre Jacques Louis David (1748–1825) et le chef de l'école classique Jean Auguste Dominique Ingres étaient les garants de la prééminence de la ligne ainsi que de l'idéalisation de la figure humaine qui en résultait. En même temps, le théoricien se reportait aussi, pour la couleur, aux performances d'Eugène Delacroix (1798–1863) qui introduisait dans ses toiles des effets de clair-obscur et des contrastes de couleur. La touche fougueuse et le chromatisme ardent des tableaux de Delacroix s'opposaient à la facture lisse d'Ingres. Selon Blanc, « la couleur, soumise à des règles sûres, se peut enseigner comme la musique » – une idée importante et riche en conséquences pour Seurat. Par ailleurs, Blanc évoquait déjà Eugène Chevreul (1786–1889) et les lois de la complémentarité des contrastes que Seurat devait étudier plus tard en profondeur. En se référant

Angélique au rocher (d'après Ingres), 1878
Mine de plomb, 43 x 28 cm
Collection particulière

À GAUCHE :
Angélique au rocher (d'après Ingres), 1878
Huile sur toile, 81,4 x 65 cm
Pasadena, CA, Norton Simon Museum of Art
Gift of Jennifer Jones Simon

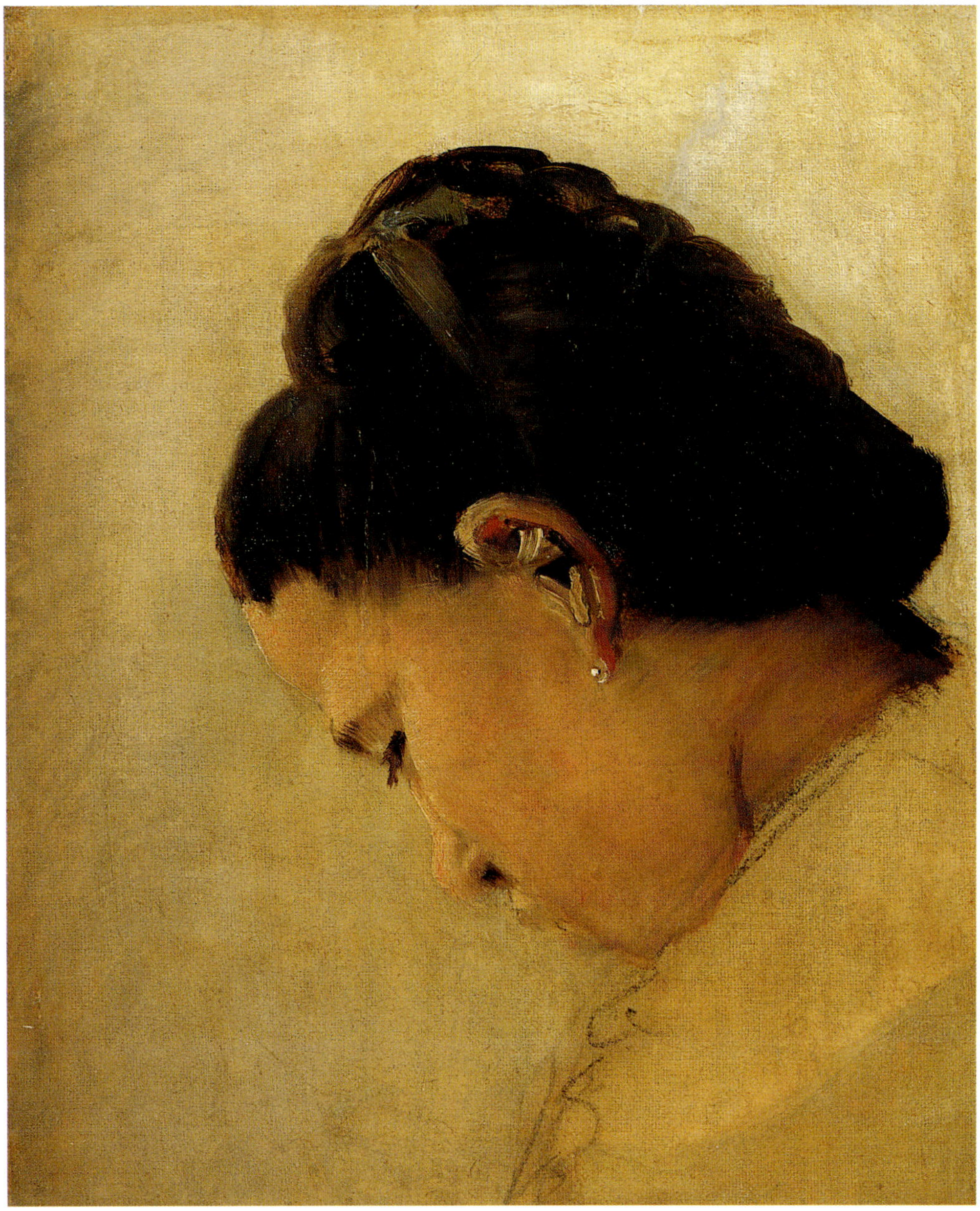

Portrait de la cousine de l'artiste, vers 1878–1879
Huile sur toile, 28,8 x 24,1 cm
Washington, D. C., Dumbarton Oaks House Collection

à Chevreul et à Delacroix, Blanc avait élaboré une théorie du mélange optique selon laquelle de petites touches, placées les unes à côté des autres, conféraient un effet vibrant au tableau.

Blanc expliquait le principe du mélange optique en prenant comme exemple le plafond de la bibliothèque au Palais du Luxembourg, peinte par Delacroix de 1845 à 1847. Selon lui, les merveilleux mélanges de couleurs résultaient du fait que Delacroix avait appliqué de petites touches complémentaires sans les mélanger. Stimulé par cette réflexion, Seurat analysa lui-même neuf tableaux et esquisses de Delacroix et recopia les passages importants de la monographie sur Delacroix d'Achille Piron, parue en 1865, dans laquelle sont reproduits des extraits du journal intime du peintre. Il ne fait aucun doute que Seurat a étudié la technique des hachures sur les décorations murales de Delacroix dans l'église parisienne de Saint-Sulpice pour la développer dans sa peinture. Ainsi Seurat trouva-t-il dans la *Grammaire* de Blanc une première confirmation que l'art était fondé sur des lois objectives.

Outre ses dessins, seuls deux tableaux de Seurat subsistent de son passage aux Beaux-Arts. La copie d'après *Roger et Angélique* d'Ingres (repr. p. 10)

L'Ilissus du Parthénon, 1875
Mine de plomb, 36 x 53,5 cm
Paris, Louvre

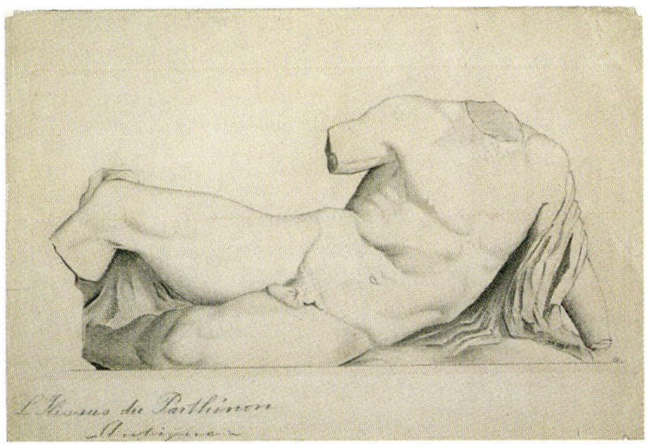

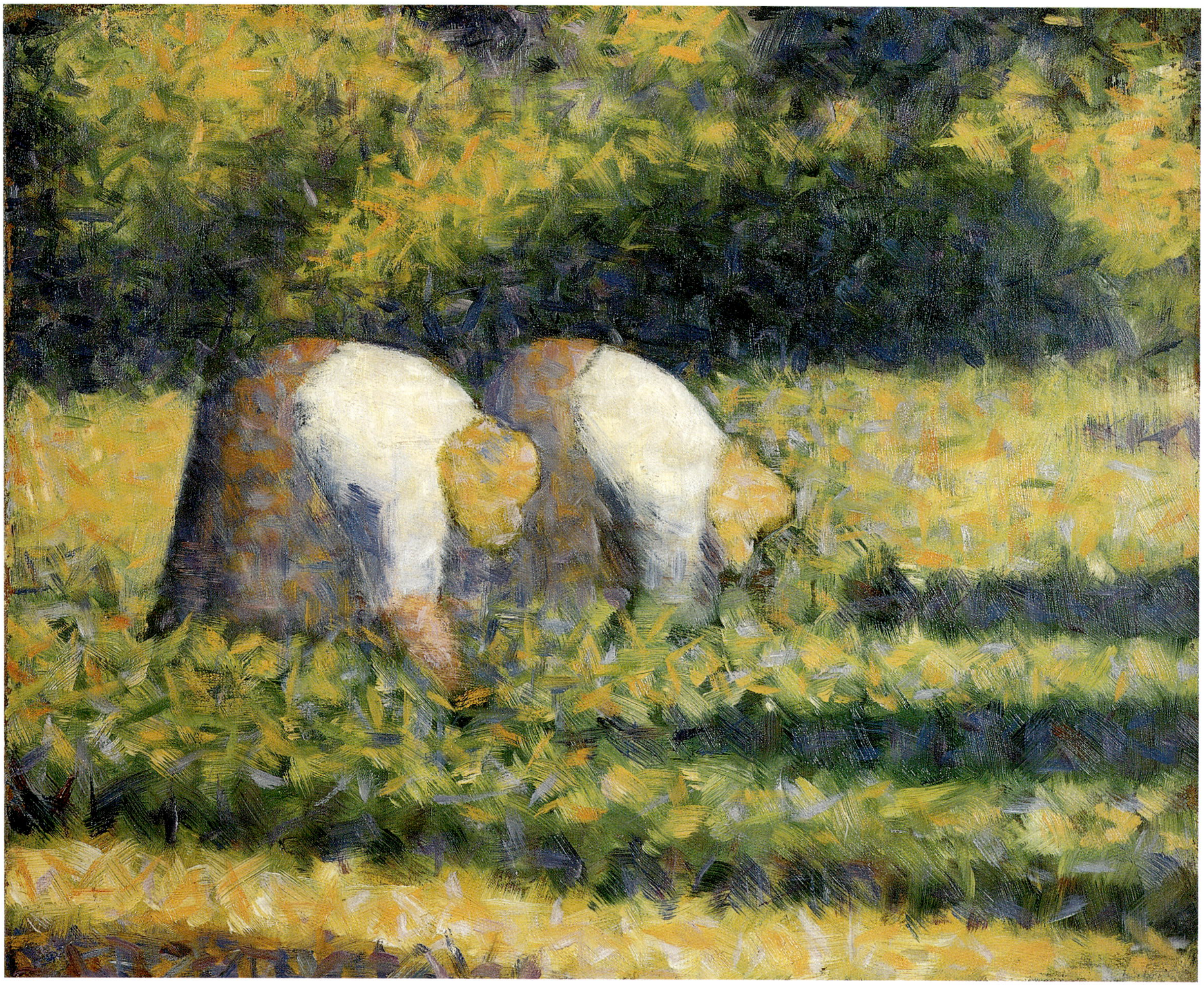

Paysannes au travail, vers 1882–1883
Huile sur toile, 38,5 x 46,2 cm
New York, The Solomon R. Guggenheim Museum, Gift, Solomon R. Guggenheim, 1941

montre nettement qu'il s'appuie sur l'idéal académique. Quant au petit portrait de sa cousine (repr. p. 11), il révèle la manière de peindre de l'époque. Seurat a effectué un premier dessin à la craie sur la toile teinte en marron doré, puis il a réalisé une esquisse sur une couche de fond rougeâtre et a finalement achevé le portrait avec des couleurs terreuses en peignant les rehauts en couches pâteuses, mais les ombres avec des glacis dilués. Même plus tard, Seurat conservera les éléments essentiels de cette technique, comme par exemple la couche de fond en couleur de base et une préparation minutieuse des tableaux à l'aide de nombreuses esquisses et études.

En 1879, Seurat quitta l'École des Beaux-Arts et loua avec deux camarades d'études, Ernest Laurent (1861–1929) et Edmond Aman-Jean, un atelier rue de l'Arbalète, non loin du Jardin des Plantes. Au mois de mai de la même année, il découvrit les tableaux des impressionnistes à l'occasion de leur quatrième exposition, où il put contempler une peinture libérée des règles académiques rigides. Après une année de volontariat militaire à Brest, il loua en novembre 1880 un logement minuscule au 19 rue de Chabrol et se consacra pendant deux ans à ses dessins et ses études à l'huile.

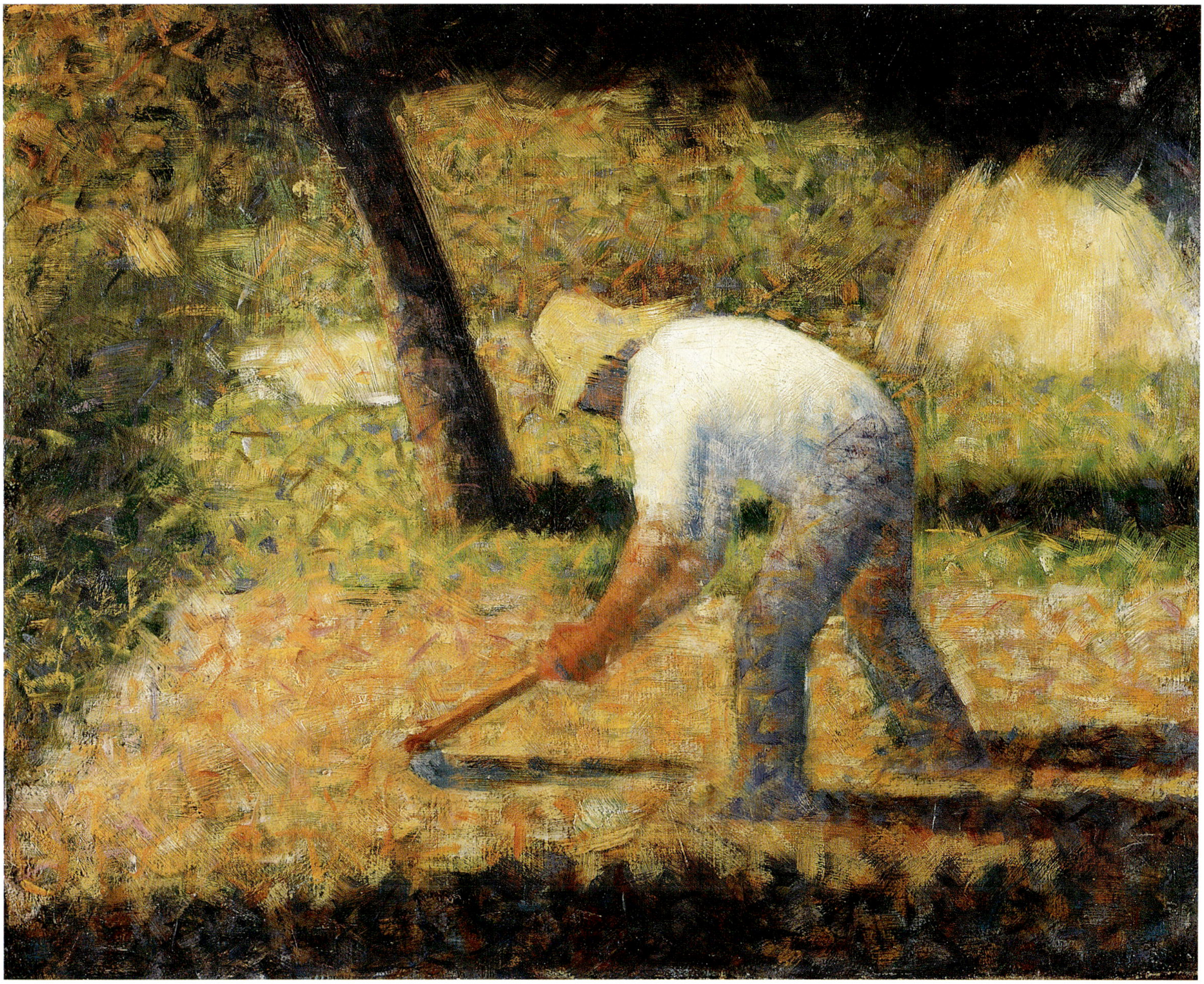

Le Paysan à la houe, vers 1882
Huile sur toile, 46,3 x 56,1 cm
New York, The Solomon R. Guggenheim Museum, Gift, Solomon R. Guggenheim, 1941

Seurat acquit bientôt une grande maturité en dessin. À l'aide d'un crayon Conté noir, il dessinait sur des feuilles d'Ingres au grain résistant, en hachurant les aspérités et en laissant les creux plus ou moins en blanc. Par cette technique de hachures particulière, il obtenait des modelés en clair-obscur ainsi que des tons de gris très nuancés. Seurat était si conscient de sa maîtrise en dessin qu'il envoya deux feuilles au Salon de 1883. Le jury refusa le portrait de sa mère brodant (repr. p. 8), mais il accepta le portrait de *Aman-Jean* (repr. p. 8), peut-être en raison de son plus grand réalisme. Même si un classement chronologique et stylistique des dessins de Seurat s'avère difficile, on constate à côté des dessins aux contours nets, un nombre croissant de ces études au doux clair-obscur, dans lesquelles le sujet – la plupart du temps des motifs issus de son environnement parisien – apparaît vaguement au milieu d'un entrelacement de traits superposés (repr. p. 16). La stylisation et la simplification du motif indiquent une volonté d'abstraction que l'on ne retrouve à cette époque que chez Paul Cézanne (1839–1906). Même les motifs insignifiants deviennent monumentaux. Bien souvent, les figures sont enveloppées d'une auréole claire (ou halo) et mises ainsi en relief, une technique que Seurat avait empruntée aux théories de Chevreul

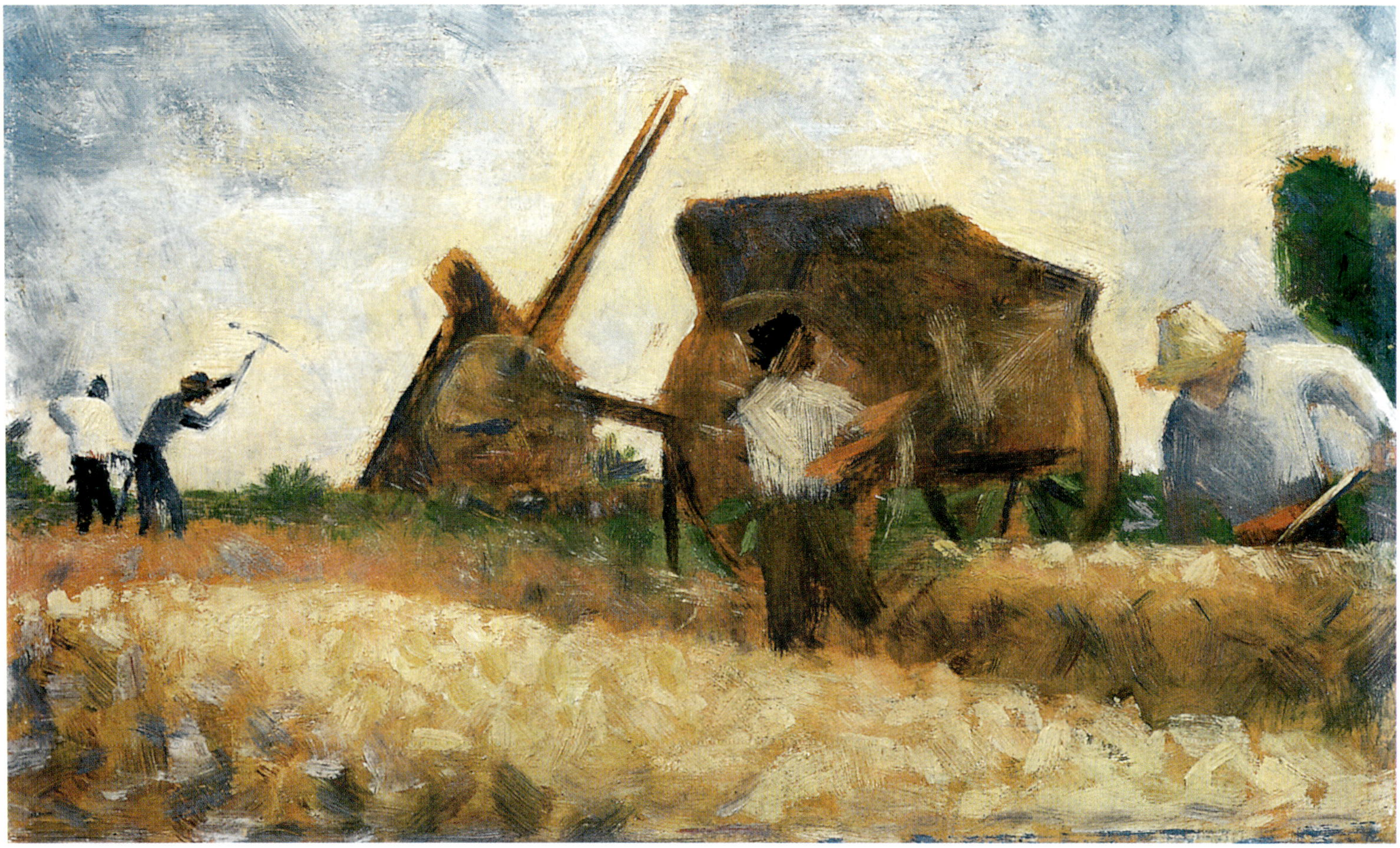

Les Terrassiers, vers 1881
Huile sur bois, 15,5 x 24,8 cm
Upperville, VA, Collection of Mr. and Mrs. Paul Mellon

sur le contraste simultané. Ce style s'inspire aussi des images d'Épinal, images naïves et populaires au contenu religieux, que le père de Seurat collectionnait. Connaissant ces images depuis l'enfance, l'artiste sut très tôt comment simplifier une représentation afin de lui conférer un caractère monumental.

Outre des dessins, Seurat réalisa également de nombreuses études à l'huile ou, comme il les appelait lui-même, des «croquetons», lesquels en transformant le croquis académique en un tableau autonome lui permirent d'effectuer des études préliminaires pour ses grands tableaux, mais aussi des expériences picturales. Cependant, rares sont les fois où il a transposé le style de ses dessins dans ces études à l'huile.

Pourtant, comme on le constate dans ses dessins, ses croquetons représentent l'homme dans son milieu, suivant ainsi la tradition de l'École de Barbizon. S'inspirant de Gustave Courbet (1819–1877), défenseur du réalisme, Seurat fait apparaître dans son univers pictural des casseurs de pierre et des hommes au travail (*Le Paysan à la houe*, repr. p. 13). Mais tandis qu'une note mélancolique apparaît dans ses dessins sur le thème de la ville (*Casseurs de pierres, Le Raincy*, repr. p. 16 ou *Place de la Concorde en hiver*, repr. p. 16), la composition des croquetons devient de plus en plus impressionniste.

L'évolution de son style montre que Seurat, en se basant sur son idéal académique, cherchait la voie de l'impressionnisme dont il ne voulait pas reprendre simplement la technique, mais bien remonter à sa source. C'est la raison pour laquelle on retrouve chez lui autant de thèmes naturalistes que les impressionnistes, en particulier Claude Monet (1840–1920) et Paul Cézanne, abandonnèrent toujours plus dans les années 1880 au profit d'un pur lyrisme de la nature.

C'est ainsi que le tableau *Les Terrassiers* (repr. p. 14) subit l'ascendant de Jean-François Millet (1814–1875) et de Gustave Courbet dans la mesure où il prend pour thème un aspect du monde du travail que la peinture officielle du Salon avait consciemment écarté. Par rapport à Courbet toutefois, qui s'insurgeait constamment contre la condition sociale de ses contemporains et prônait une amélioration, on cherchera en vain dans ces tableaux de Seurat une critique de la société. Les figures sont pour cela trop stylisées, trop liées à la facture impressionniste. La tension contenue dans ces tableaux résulte principalement de critères formels, comme le contraste entre le chariot et l'homme ou la répétition des diagonales.

Dans un grand nombre de ces études à l'huile, Seurat semble rechercher une certaine atmosphère qu'il avait rencontrée en étudiant les peintres de Barbizon, en particulier Millet. Vers le milieu du XIXe siècle, un petit groupe de peintres s'était installé dans le village de Barbizon, près de la forêt de Fontainebleau. Étudiant le paysage en plein air, ils essayaient d'en saisir la lumière dans leurs tableaux. Leur but était de montrer une vision intime de la nature et non point des paysages d'idéal classique.

Le petit tableau de Seurat, *Sous-bois à Pontaubert* (repr. p. 6), dont la luminosité est obtenue à partir de petites touches de couleur, évoque les paysages chatoyants de Camille Corot. La composition, en revanche, est construite avec rigueur et ne présente que quelques lignes ascendantes qui trouvent avec l'arbre à droite un contrepoids solide. Comme beaucoup de peintres de son époque, Seurat se tourna dans sa quête d'une composition équilibrée vers les Vieux Maîtres, à savoir les Italiens du Quattrocento mais aussi vers Nicolas Poussin (1594–1665) qu'il avait étudié et copié très tôt. Un autre de ses modèles était Pierre Puvis de Chavannes (1824–1898) qui avait introduit dans ses peintures murales une nouvelle rigueur monumentale. Les tableaux *Petit Paysan en bleu* ou *Le Jockey* (repr. p. 9) et *Paysanne assise dans l'herbe* (repr. p. 19) révèlent cette influence que l'on retrouve aussi dans les grands tableaux. Comme Puvis de Chavannes, Seurat faisait ressortir par la forme et la couleur une silhouette compacte sur un fond clair. Toutefois, tandis que les figures de Puvis sont dépourvues d'entrain en raison de leur grande stylisation, celles de Seurat, quoique réduites à l'essentiel, présentent des formes vivantes.

Pourtant, aucun autre peintre n'a autant impressionné Seurat dans ses débuts que Millet dont il reprit non seulement les sujets, mais la composition. Lorsque Millet exposa son célèbre tableau *Les Glaneuses* (1857 ; Paris, Musée du Louvre) au Salon de 1857, il déclencha un véritable tollé de la part des critiques et du public. On y voyait un affront, un doigt accusateur sur la misère du prolétariat des campagnes, une interprétation exagérée de sa condition.

Vers 1883, Seurat s'appuya sur cette toile pour réaliser ses *Paysannes au travail* (repr. p. 12). Pourtant, dans ce tableau, tous les signes d'une critique sociale ont disparu au profit d'une composition lumineuse et pittoresque. Le champ clair peint au moyen de hachures en croix acquiert sa structure par les ombres portées d'une rangée d'arbres que l'on distingue à l'extrême-droite. Suivant le conseil de Corot, les chemises confèrent au tableau les accents les plus clairs, obtenant leur luminosité à partir de l'entrelacement des touches. Le tracé rythmique en traits superposés et l'effet vibrant des couleurs résultant du contraste des touches jaunes et oranges avec l'herbe verte ainsi que des touches bleues avec les chapeaux de paille jaunes sont en accord avec la composition géométrique.

J. Aviat, peintre à ses heures perdues et vivant à l'époque de Corot, a rapporté dans ses mémoires parues en 1875 ses conversations avec le peintre où celui-ci

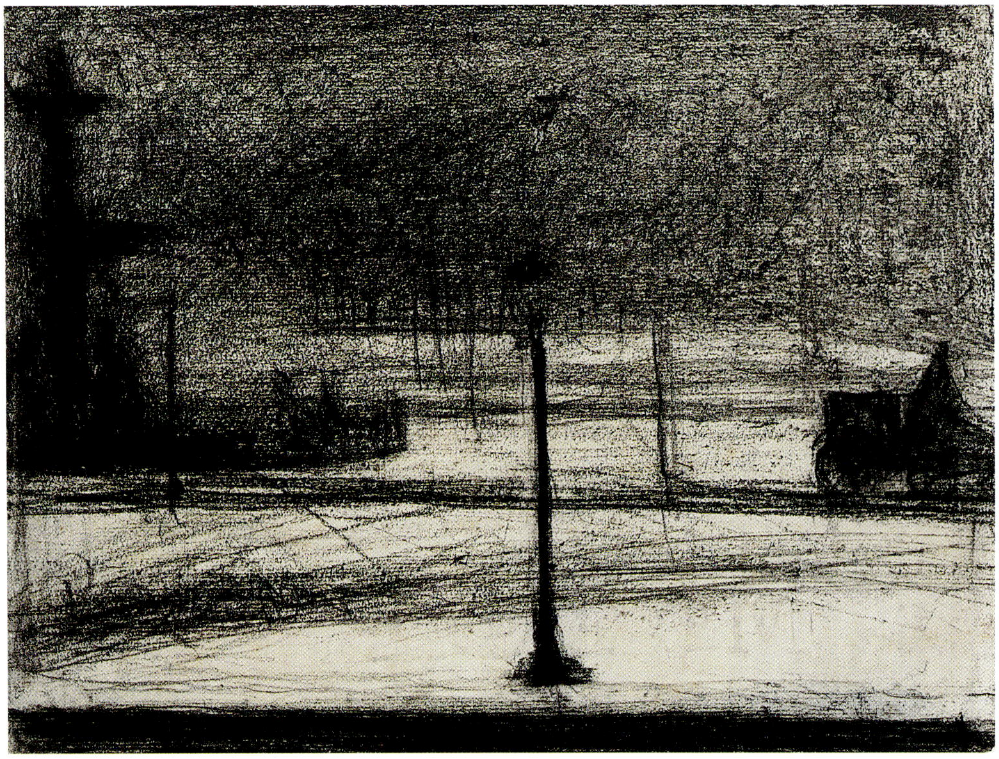

Place de la Concorde en hiver, vers 1882–1883
Crayon Conté, 23,5 x 31,1 cm
New York, The Solomon R. Guggenheim
Museum, Gift, Solomon R. Guggenheim
Collection, 1941

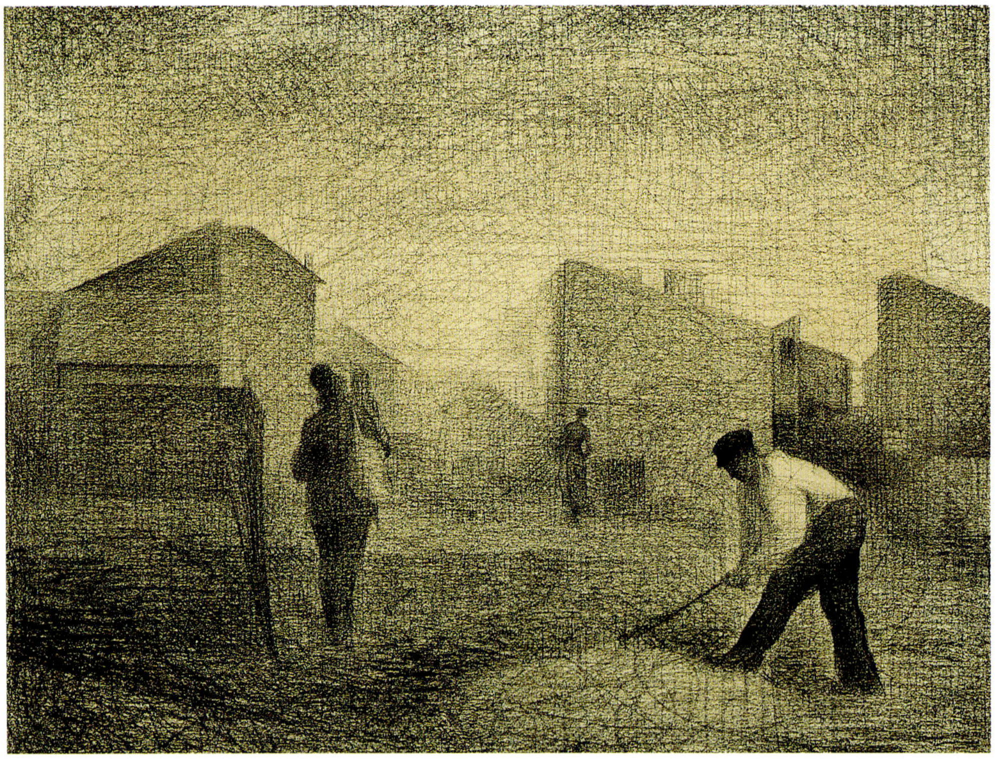

Casseurs de pierres, Le Raincy, vers 1881
Crayon Conté, 30,7 x 37,5 cm
New York, The Museum of Modern Art
Lillie P. Bliss Collection

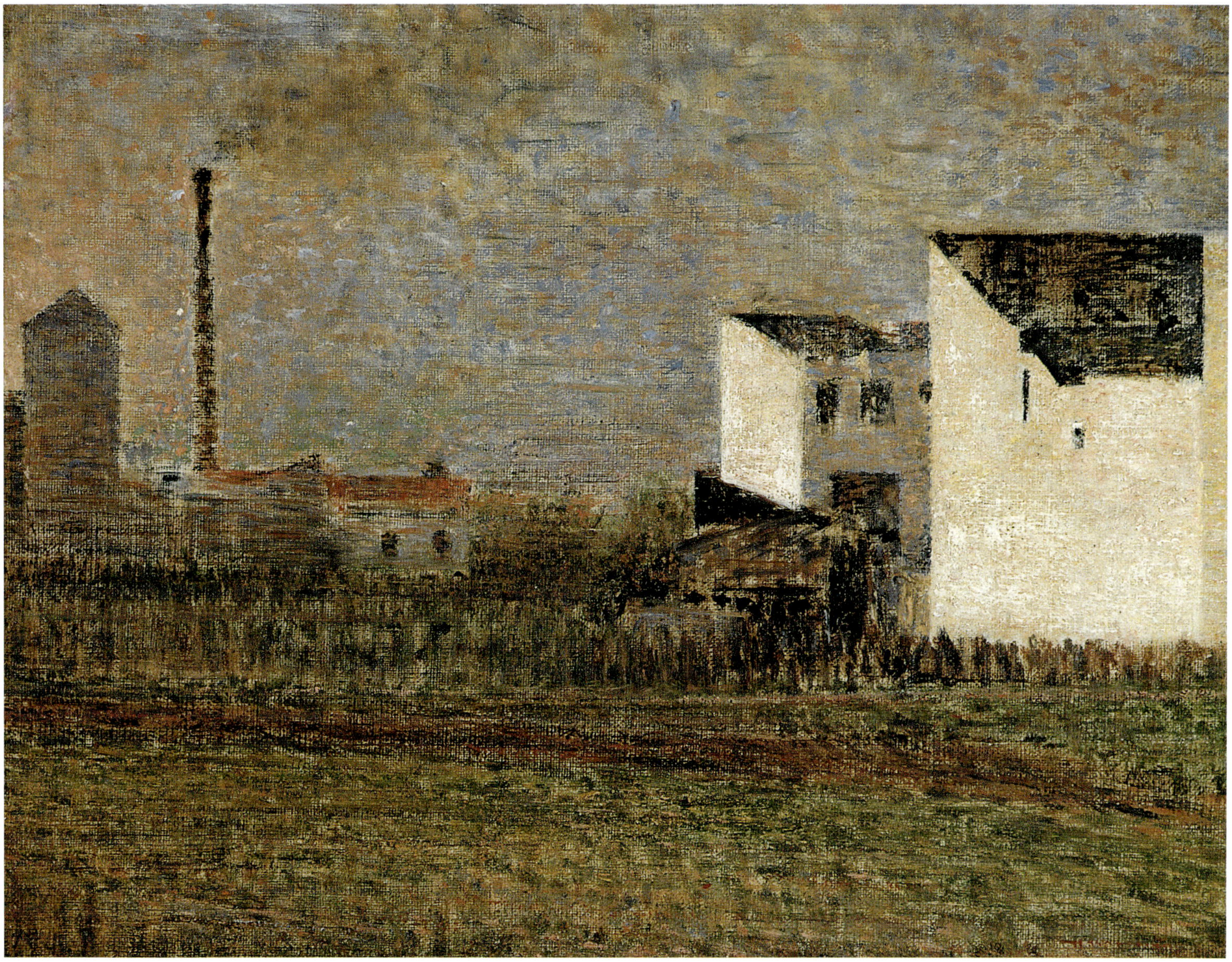

La Banlieue, 1882–1883
Huile sur toile, 32,4 x 40,5 cm
Troyes, Musée d'Art Moderne
Donation Pierre et Denise Lévy

prodiguait des conseils pour une peinture naturaliste. Seurat, qui n'a pas connu Corot, aimait se référer à ces écrits. C'est ainsi que les notes prises par la femme peintre sur Corot peuvent aussi être lues pour saisir la méthode de Seurat.

Conscience et confiance : devise de Corot.

Il faut d'abord bien sentir son sujet ; puis quand on l'a bien vu, bien compris, faites ; et alors, confiance.

Je prie tous le jours le bon Dieu qu'il me rende enfant, c'est-à-dire qu'il me fasse voir la nature et la rende comme un enfant, sans parti-pris.

La nature avant tout.

« Je cherche toujours à voir tout de suite l'effet ; je fais comme un enfant qui gonfle une bulle de savon. Elle est toute petite, mais elle est déjà sphérique ; puis il gonfle tout doucement jusqu'à ce qu'il ait crainte qu'elle n'éclate. De même, je travaille dans toutes les parties de mon tableau à la fois, en perfectionnant tout doucement, jusqu'à ce que je trouve l'effet complet.

Je commence toujours par les ombres, et c'est logique ; car comme c'est ce qui vous frappe le plus ; c'est aussi ce que l'on doit rendre d'abord.

Ce qu'il y a à voir en peinture, ou plutôt ce que je cherche, c'est la forme, l'ensemble, la valeur des tons.

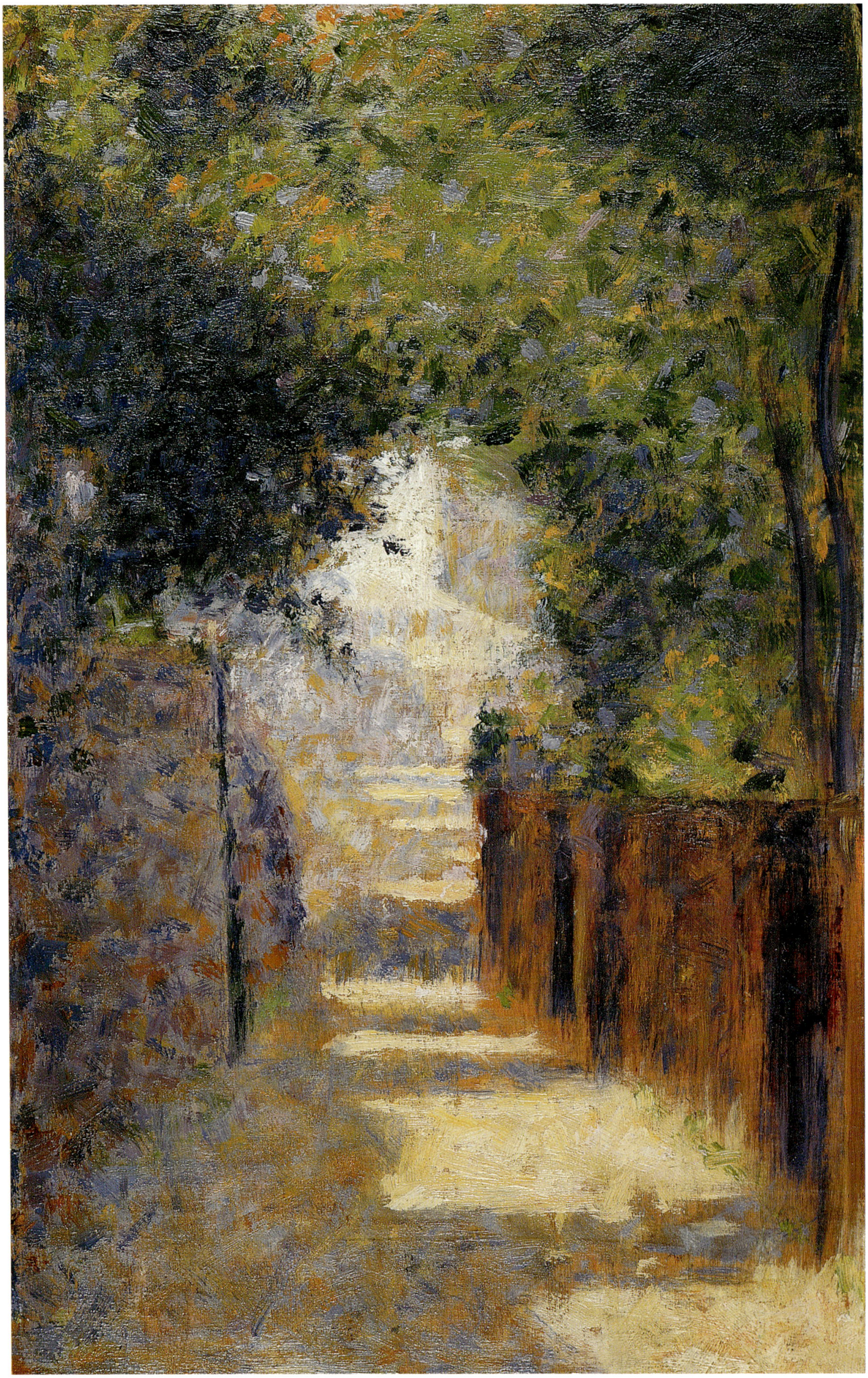

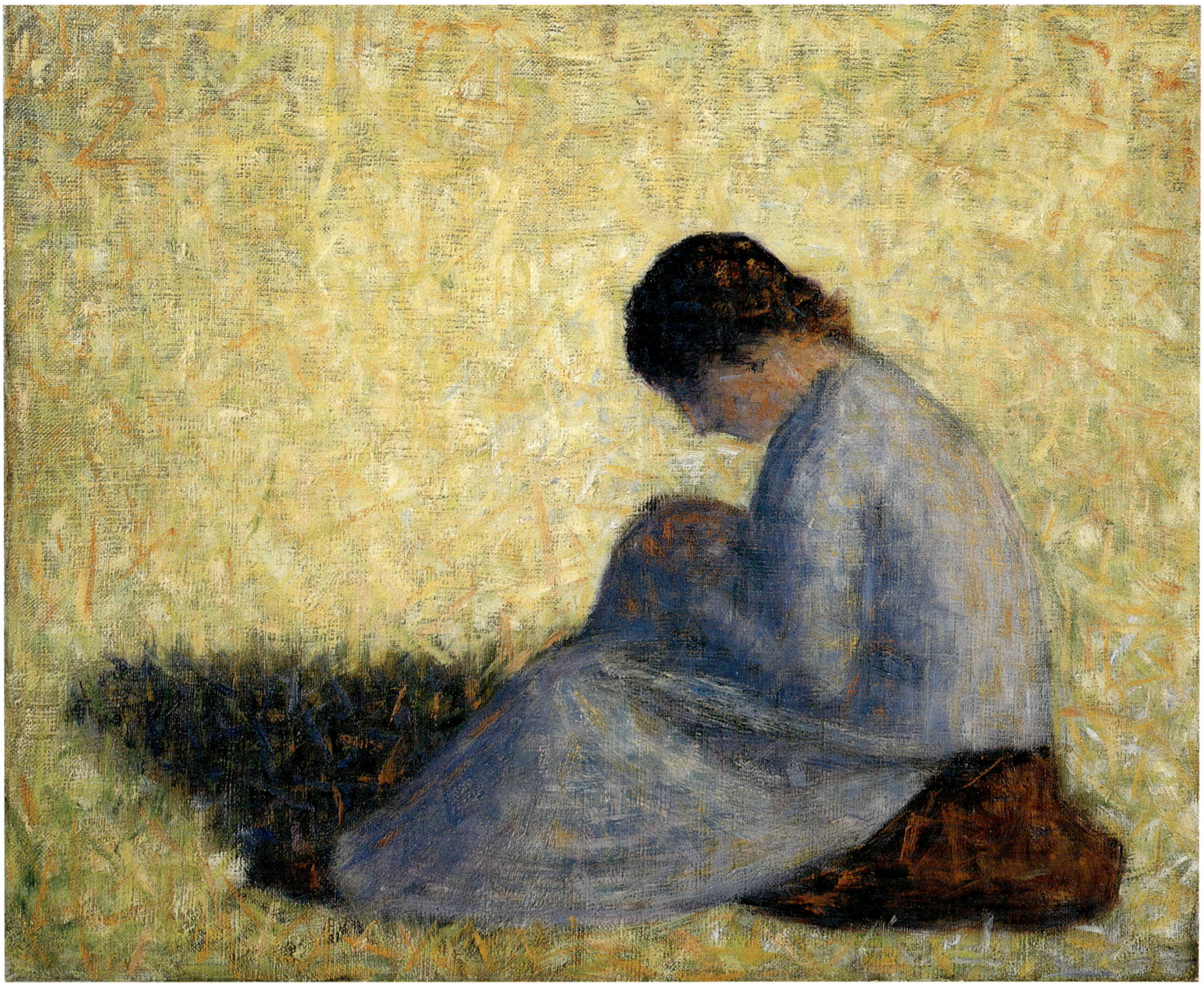

Paysanne assise dans l'herbe, vers 1883
Huile sur toile, 38,1 x 46,2 cm
New York, The Solomon R. Guggenheim Museum, Gift, Solomon R. Guggenheim, 1937

C'est pourquoi la couleur, pour moi, vient après : car j'aime avant tout l'ensemble, l'harmonie dans les tons ; tandis que la couleur vous donne quelquefois du heurté que je n'aime pas.

Il y a toujours dans un tableau un point lumineux, mais il doit être unique. Vous pouvez le placer où vous voudrez : dans un nuage, dans la réflexion de l'eau ou dans un bonnet ; mais il ne doit y avoir qu'un seul ton de cette valeur. »

Dans ses études de paysages, comme *La Rue Saint-Vincent à Montmartre, printemps* (repr. p. 18), Seurat reproduit les effets de la lumière d'une manière impressionniste. L'impressionnisme est étroitement lié à un répertoire de motifs bien précis. Animé par les séries de Claude Monet, dont on put voir un aperçu représentatif lors de la septième exposition des impressionnistes en 1822, Seurat se consacra de plus en plus aux effets de lumière en plein air ainsi qu'aux reflets de l'eau, thème favori de Monet.

PAGE 18 :
La Rue Saint-Vincent à Montmartre, printemps, vers 1884
Huile sur bois, 24,8 x 15,4 cm
Cambridge, Fitzwilliam Museum

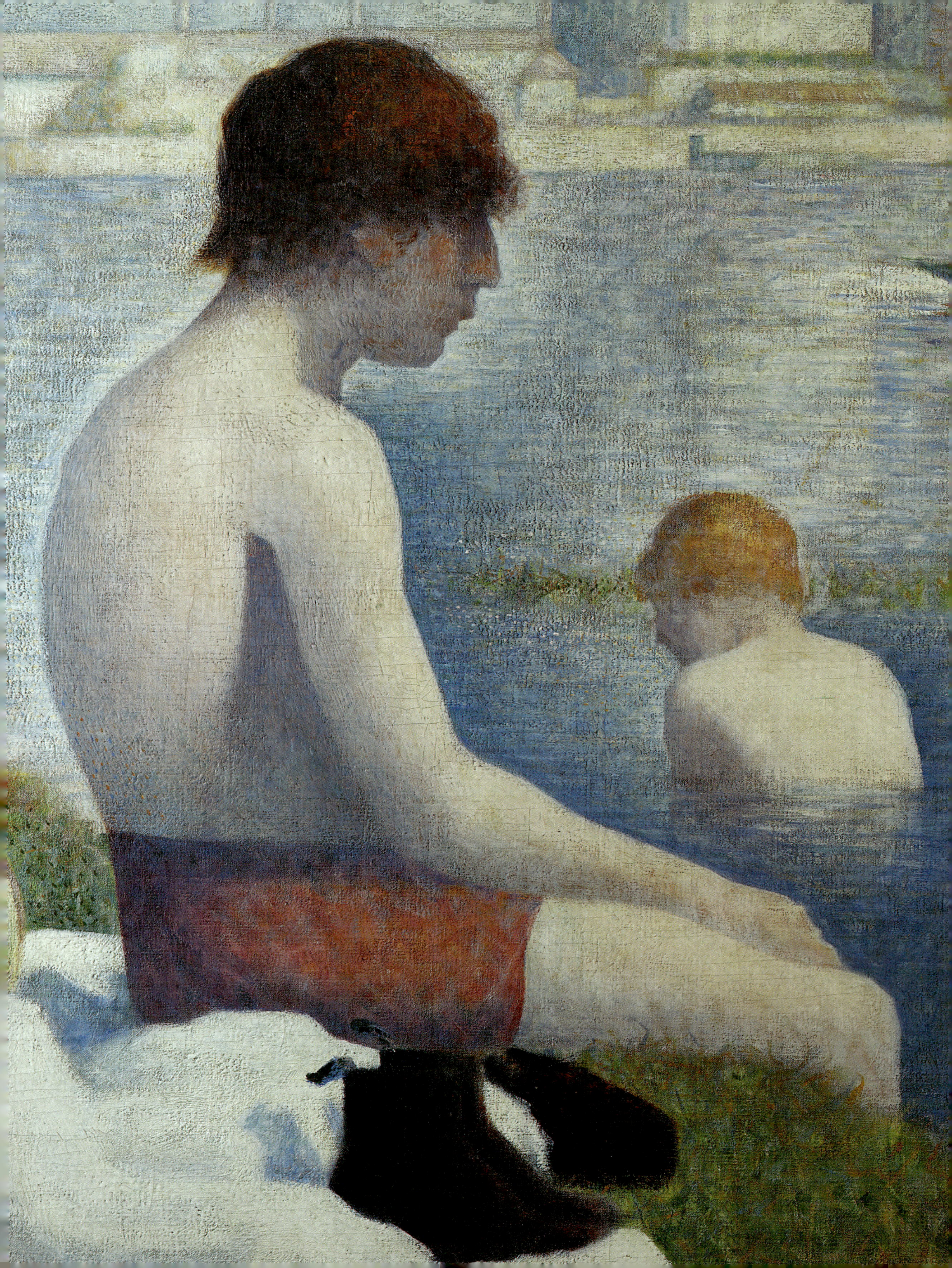

Une baignade, Asnières

Depuis le printemps 1883, Seurat travaillait sur son premier tableau grand format, *Une Baignade, Asnières* (repr. p. 28/29), une composition de deux mètres sur trois dans laquelle le motif impressionniste de la baignade obtenait des dimensions monumentales. Le lieu de la baignade se trouve sur la rive gauche de la Seine, au-delà des deux ponts qui relient Asnières à Clichy. Seurat aimait aller à Asnières, au nord-est de Paris, pour y dessiner et faire ses esquisses. Grâce à la nouvelle ligne de chemin de fer, les habitants de la capitale pouvaient s'y rendre rapidement. Le tableau *Une baignade, Asnières* représente des baigneurs sur les bords de la Seine. Ils regardent une île toute proche, au milieu du fleuve, celle de la Grande Jatte qui formera le cadre du prochain tableau en grand format de Seurat. Au fond, on peut voir les nouveaux ponts et les usines de Clichy. Comme le font Monet et Renoir (1841–1919) à la même époque avec des motifs du même genre, Seurat ne fait pas disparaître ces témoignages de la société industrielle au profit d'un tableau idyllique sur les loisirs. Pourtant, lorsque Renoir peint des Parisiens se divertissant dans ses célèbres toiles *Le Déjeuner des canotiers* (repr. p. 24) ou *La Grenouillère* (repr. p. 24), ces dernières dégagent beaucoup plus de fraîcheur et d'intimité que la composition de Seurat où les enfants qui se baignent et les hommes qui se reposent sur le rivage semblent presque indifférents.

Les personnages sont figés dans leur immobilité, la lumière et les couleurs du tableau évoquent l'atmosphère lourde et moite d'un après-midi d'été. Seuls les bateaux voguant sur l'eau, le bac qui traverse la Seine et le canotier à moitié coupé du bord droit donnent une légère impression de mouvement.

Si le tableau de Seurat est dénué de tout romantisme avec son décor moderne et sa lumière uniformément claire, ses personnages sont saisissants et dignes dans leur isolement. Et pourtant, il ne s'agit nullement de personnalités importantes qui, d'ailleurs, sembleraient incongrues en ce lieu. Bourgade champêtre au début, Asnières s'était transformée en quelques années en ville-dortoir pour les ouvriers travaillant à Paris. Le nombre de ses habitants avait doublé en très peu de temps. Quant à Clichy, elle était devenue une cité industrielle où de nombreuses usines étaient venues s'installer. Si l'on considère l'attitude et les vêtements des personnages apparaissant dans *Une Baignade, Asnières*, comme le chapeau melon de l'homme allongé au premier plan, on voit tout de suite qu'il s'agit d'ouvriers et d'artisans habitant la banlieue. Comme le montrent les illustrations contemporaines de Roger Jourdain (1845–1918), les plaisirs de la baignade étaient de nature plutôt rustique et permettaient aux gens du peuple de se détendre après leur travail (repr. p. 24).

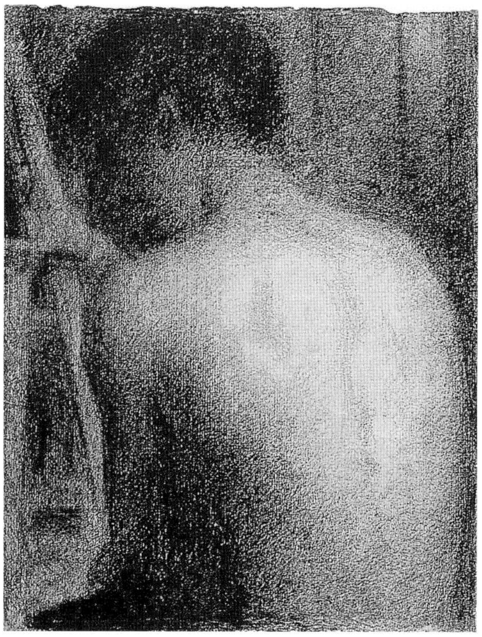

Étude de baigneur, 1883–1884
Crayon Conté, 31,2 x 24 cm
Collection particulière

PAGE 20:
Une baignade, Asnières (détail), 1883–1884
Huile sur toile, 201 x 300 cm
Londres, National Gallery

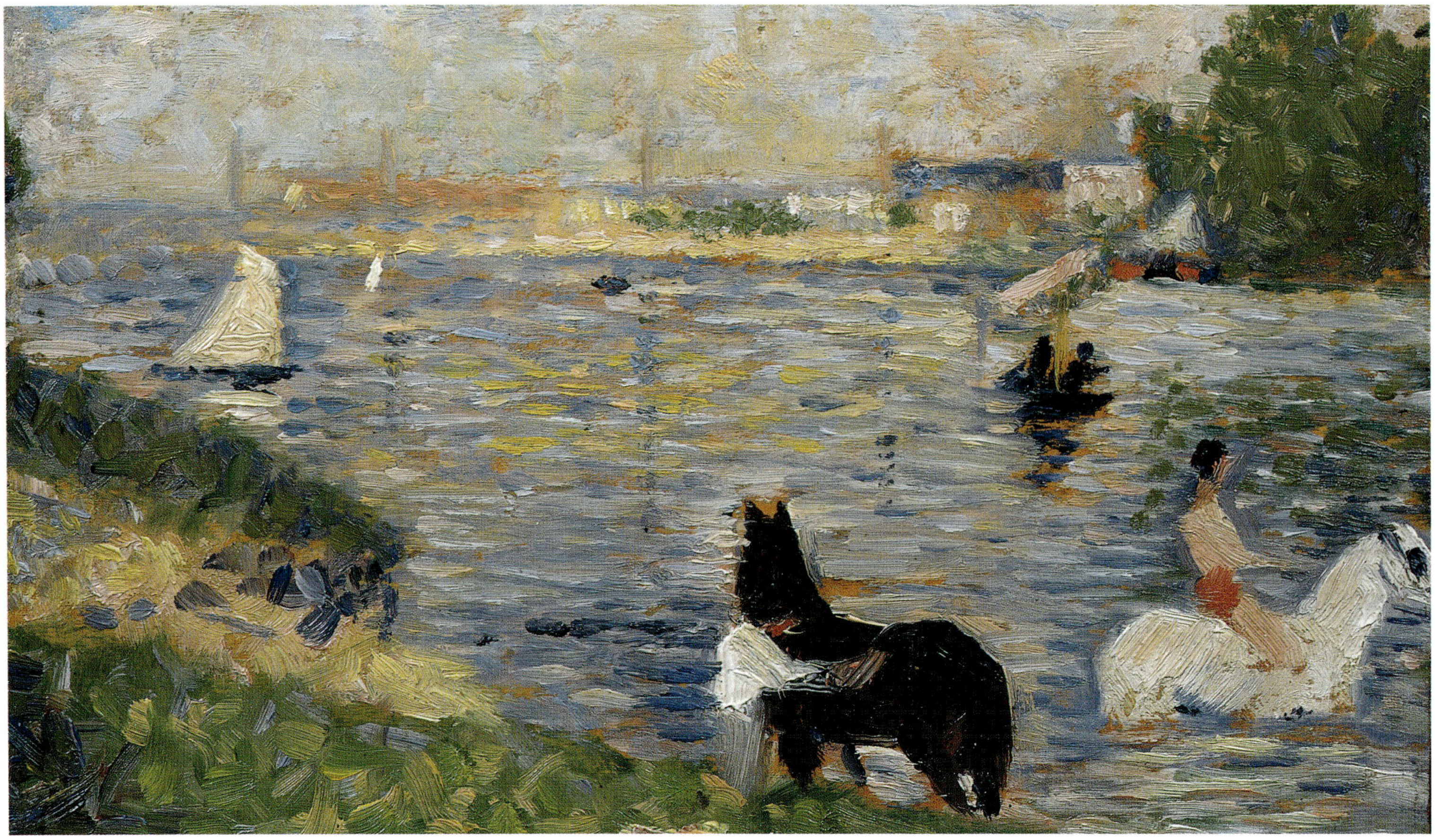

***Chevaux dans l'eau*, 1883**
Huile sur bois, 15,2 x 24,8 cm
Collection particulière
Prêt à long terme à :
Londres, Courtauld Gallery

En revanche, le bac qui se dirige vers l'île de la Grande Jatte (repr. p. 31) transporte des personnes appartenant manifestement à une classe sociale supérieure que l'on retrouve d'ailleurs dans le tableau *Un dimanche à la Grande Jatte* (repr. p. 42/43).

On peut s'étonner que le tableau de Seurat, *Une Baignade, Asnières*, ne représente que des membres de la gent masculine. En effet, même si l'Académie des Sciences Morales et Politiques avait décrété dès 1874 que la clef de la moralité de la classe ouvrière résidait dans un jour de repos dominical que les ouvriers devaient passer en famille, ces derniers essayèrent pendant longtemps encore d'échapper à cette contrainte d'inspiration bourgeoise. Ils préféraient avoir leur lundi de libre et le passaient en compagnie de leurs collègues, comme le montrent les tableaux de Roger Jourdain. Hormis la femme sur le bac, le tableau de Seurat représente lui aussi uniquement des hommes à leurs loisirs.

Le tableau *Une baignade, Asnières* est le premier à avoir été préparé à l'aide d'un grand nombre d'études et de croquetons. Contrairement aux impressionnistes qui essayaient de fixer l'instant sur la toile et travaillaient la plupart du temps dans la nature au gré de leur inspiration, Seurat préparait ses œuvres très soigneusement. Se rendant sur les lieux, il exécutait de nombreux panneaux à l'huile du paysage et des personnages. Parallèlement, il effectuait des dessins au crayon Conté sur les mêmes motifs. De retour à son atelier, il réalisait son grand tableau en rassemblant toutes les études en une composition équilibrée.

Le tracé impressionniste, expérimenté dans des croquetons antérieurs, est particulièrement prononcé dans une étude de chevaux (repr. p. 22) qui rappelle le style de Renoir. La partie gauche offre une perspective permettant au spectateur d'avoir une large vue sur l'eau et les usines du fond. Au premier plan apparaissent deux poneys que l'on a menés à l'eau jusqu'à cette berge qui forme une coupure. Le poney blanc marche dans l'eau, un enfant sur son dos. Le poney noir est pansé sur le rivage par un autre garçon. Hormis le scintillement des couleurs, on s'aperçoit que le problème ici est de peupler cette scène de personnages.

Servant de préparation à la moitié gauche du tableau, un autre croqueton (repr. 23) montre une figure placée à l'extrême gauche. Devant, à droite, un garçonnet en chemise bleue se tient dans l'eau à côté d'un poney noir. Le personnage assis, tout comme l'homme allongé sur le ventre à l'arrière-plan, sera repris dans la version définitive du tableau. Contrairement au grand tableau, le chromatisme de cette étude évoque l'atmosphère d'un jour de pluie avec ses tonalités chargées et foncées.

Dans une autre esquisse, Seurat a également expérimenté la position des personnages dans le paysage (repr. p. 25). On peut constater dans ce croqueton la taille réelle du talus à Asnières grâce à la forte réduction des baigneurs dans l'eau par rapport aux figures du premier plan. Seurat préparait les différents éléments de la version définitive avec des études naturalistes de ce genre, mais il ne pouvait pas obtenir avec elles un effet monumental. Outre les croquetons, Seurat effectua aussi plusieurs dessins afin de mettre au point ses personnages principaux. Il tenta ici pour la première fois de réaliser la synthèse entre la peinture et le dessin par le biais de transitions chromatiques et d'irradiations lumineuses (halos) entourant ses figures (repr. p. 26). Seurat étudie si bien le maintien du jeune garçon assis dans son dessin (repr. p. 26) qu'il peut reprendre ce personnage dans son tableau sans le modifier. Si l'on compare le dessin à la version définitive du tableau, on s'aperçoit que Seurat a parfaitement su transposer en

Le Cheval noir (étude pour *Une Baignade, Asnières*), 1883
Huile sur bois, 15,9 x 24,8 cm
Édimbourg, National Gallery of Scotland

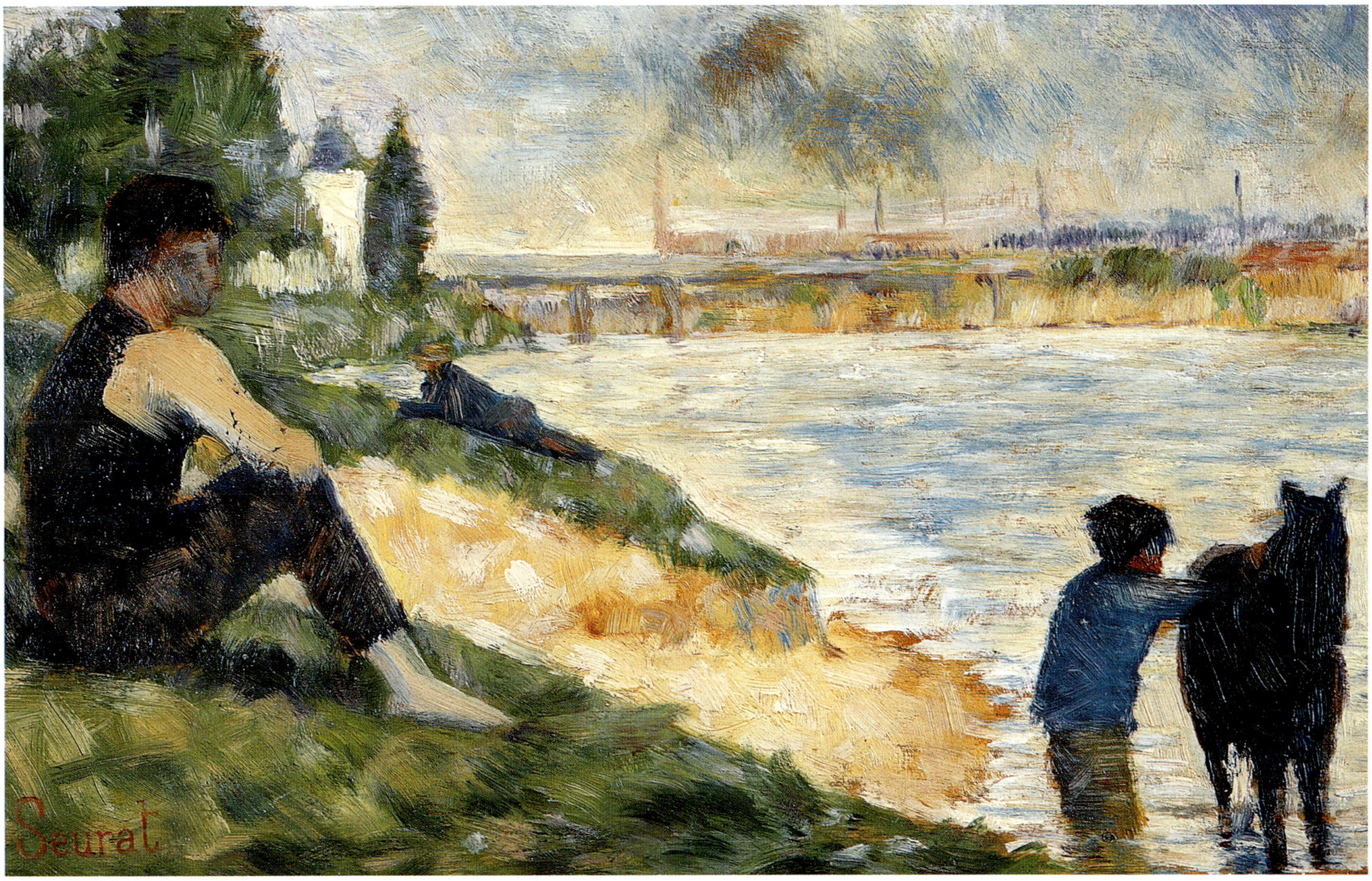

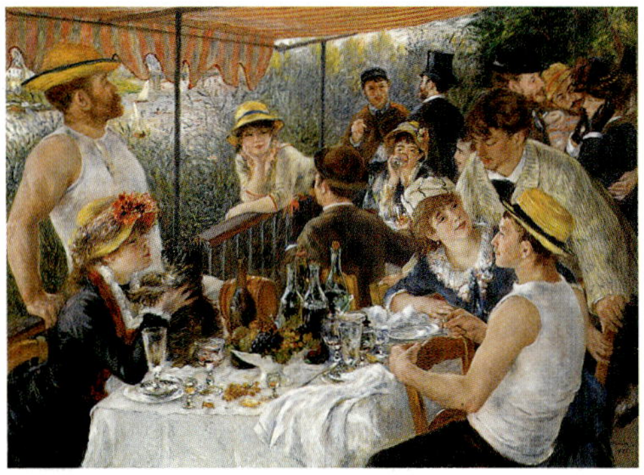

Pierre Auguste Renoir
Le Déjeuner des canotiers, 1881
Huile sur toile, 129,5 x 172,7 cm
Washington, D.C., The Phillips Collection

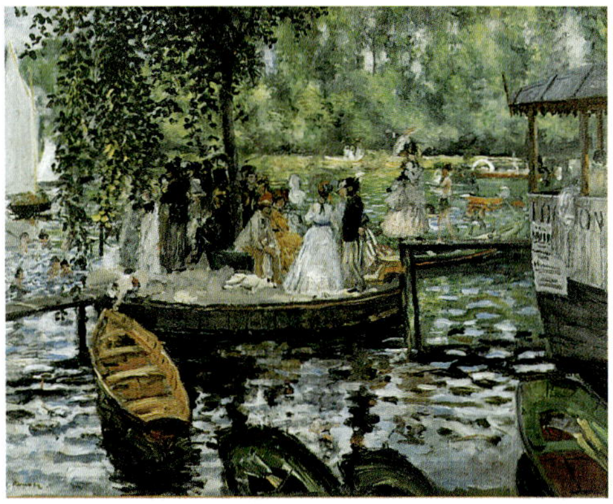

Pierre Auguste Renoir
La Grenouillère, 1869
Huile sur toile, 66,5 x 81 cm
Stockholm, Nationalmuseum

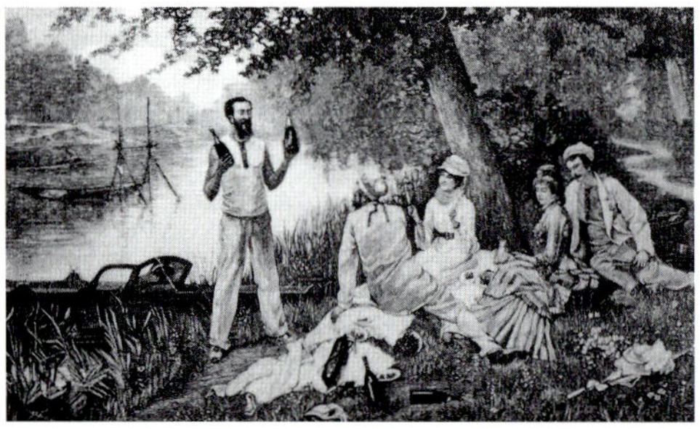

Roger Jourdain
La Grande Jatte, le dimanche, 1878
Gravure d'après un tableau non localisé
Extrait de: L'Illustration, 15 juin 1878

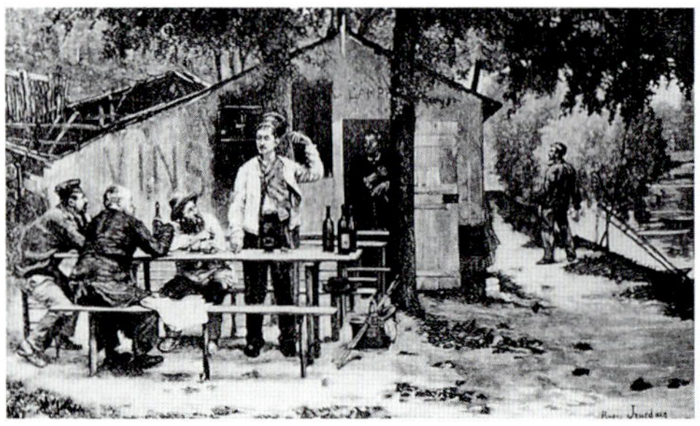

Roger Jourdain
La Grande Jatte, le lundi, 1878
Gravure d'après un tableau non localisé
Extrait de: L'Illustration, 15 juin 1878

couleur les tonalités de clair-obscur du crayon Conté. La figure allongée du premier plan a, elle aussi, fait l'objet de plusieurs dessins (repr. p. 33) qui permirent à Seurat de traiter des détails particuliers et surtout, d'élaborer les clairs-obscurs.

Dans la version définitive du tableau, le regard est à la fois attiré par les personnages particulièrement mis en évidence, et dirigé vers le fond par la perspective du rivage. Le lointain et la proximité s'allient en une unité pleine de tensions. Par rapport aux tableaux impressionnistes traitant le même sujet, la *Baignade* de Seurat offre des coloris plus atténués, presque crayeux, provoqués certes par les rehauts de blanc dans le ton local, mais aussi par une certaine technique que Seurat avait reprise de Delacroix. Il appliquait sur un fond clair une première couche en ton local, puis apposait des touches balayées les unes sur les autres. Seurat attachait une grande importance à la mise au point des contrastes de clairs-obscurs qui constituent, dans le tableau, des accents lumineux attirant le regard du spectateur. Les figures debout dans l'eau suscitent à l'endroit de leurs contours un éclaircissement ou un obscurcissement de l'eau qui les fait ressortir de façon plastique. Ce moyen stylistique dérivé de Chevreul apparaît déjà clairement dans les dessins de Seurat.

Celui-ci évite les contrastes très prononcés. Seules les tonalités de rouge-vert ou de bleu-orange sont déclinées en contrastes dans tout le tableau sans toutefois se heurter dans un chromatisme intense, comme chez Vincent van Gogh par exemple. Seurat continue même ici d'utiliser ces couleurs bannies depuis longtemps par les impressionnistes, les ocres et les bruns, qui confèrent à la toile une douce harmonie. C'est plutôt l'École de Barbizon, semble-t-il, qui exerce encore son influence dans le jeu subtil des tons locaux, la clarté de la palette et les accents lumineux prononcés. L'éclaircissement dans toute la toile concerne aussi les ombres des corps qui s'harmonisent ici avec le degré de clarté environnant, comme dans le gris violet et le jaune incarnat. Plus foncées, les ombres portées présentent des formes accusées qui soulignent le rythme du tableau tout comme les formes des corps.

Tous les éléments de la toile, les couleurs, les formes et les lignes, sont apposés sur la surface picturale en une cohabitation équilibrée. Seurat a transposé la sensation impressionniste de «l'éphémère» dans un tableau harmonieux, serein et ordonné de façon réfléchie. La taille du tableau et l'effet classique et hiératique de la composition posaient déjà des problèmes aux contemporains de Seurat, et en 1884, le jury du Salon officiel refusa la *Baignade*. Créée pour protester contre le jury du Salon, la «Société des Artistes Indépendants», qui organisa en décembre 1884 sa première grande exposition au pavillon de la Ville de Paris aux Champs-Élysées, exposa toutefois le tableau de Seurat à la buvette, jugeant ainsi inconciliables le motif et la composition. Certains peintres et critiques firent toutefois bon accueil à son tableau. Arsène Alexandre écrivait ainsi qu'*Une Baignade, Asnières* désignait Seurat comme un artiste de la jeune école, comme l'un des rares sachant construire une grande composition tout en utilisant les nouveaux procédés.

La représentation isolée de baigneurs évoquait la tradition allégorique de l'idylle et surtout les œuvres contemporaines de Puvis de Chavannes, qui avait repris ce genre de tableaux dans ses grandes peintures murales. Parmi les peintres avant-gardistes, Puvis de Chavanne était considéré comme le chef de file d'une peinture qui, après les élans impressionnistes, remettait de l'ordre dans la composition. Seurat lui-même copia un autre tableau célèbre de Puvis, *Le Pauvre Pêcheur*, en l´intégrant dans un paysage champêtre. Il baptisa ce

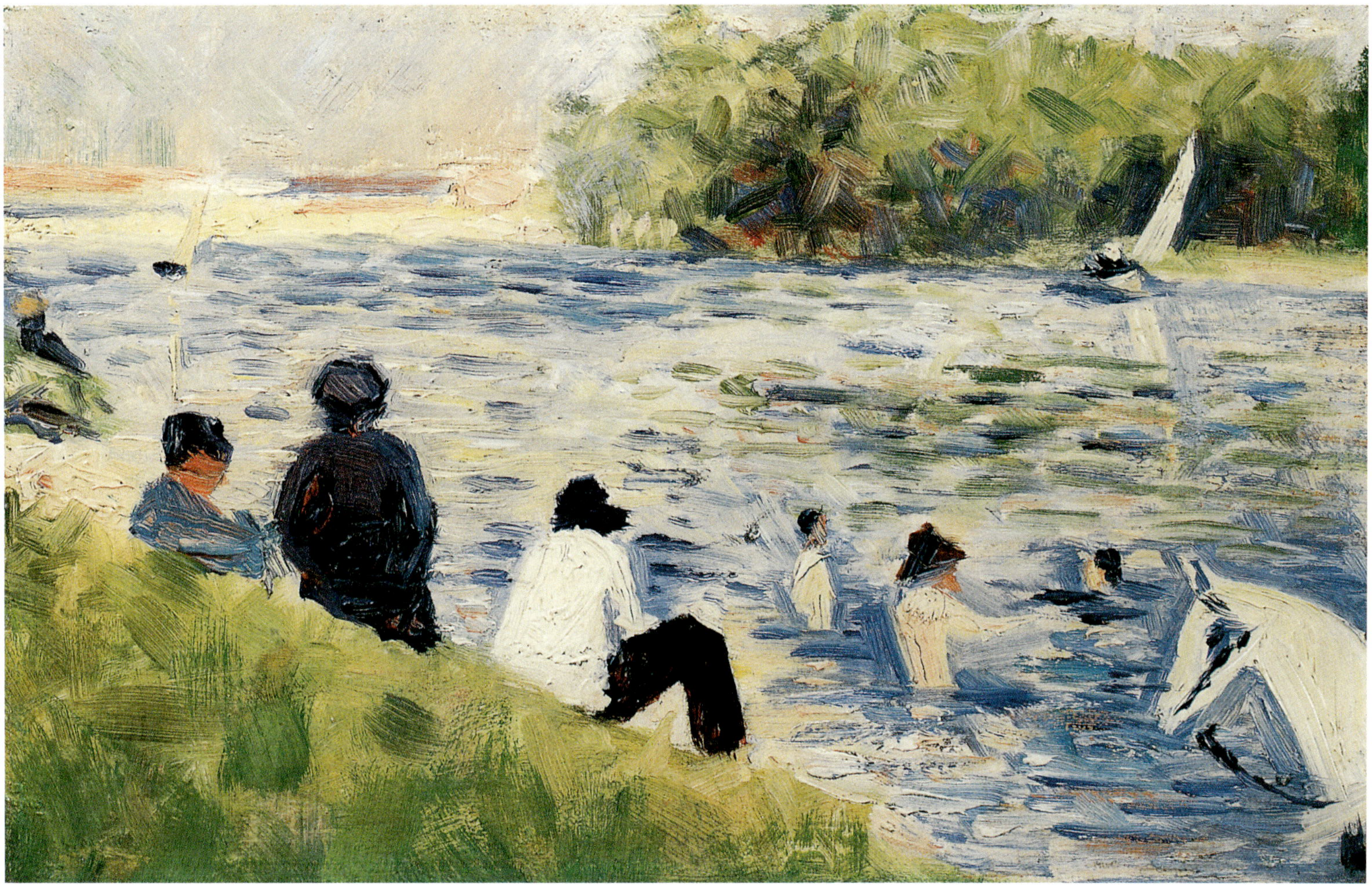

Baigneurs, 1883
Huile sur bois, 15,25 cm x 24,5 cm
Upperville, VA, Collection of Mr. and Mrs. Paul Mellon

tableau *Hommage à Puvis*. Ceci indique peut-être les efforts de Seurat pour concilier le style synthétique de Puvis et la peinture en plein air impressionniste.

En 1888, le poète et critique d'art Gustave Kahn (1859–1936) écrivit une critique sur Puvis de Chavannes. Dans un passage sur Seurat, il disait que « l'un de ces jeunes innovateurs impressionnistes » voulait représenter les hommes modernes comme sur la frise panathénéenne de Phidias. Et Seurat affirmait lui-même : « Les Panathénées de Phidias étaient en procession. Je veux faire ambuler ainsi que sur ces frises les modernes, en ce qu'ils ont d'essentiel. » Seurat a suivi une ligne de conduite définie ainsi par Signac : « Guidé par la tradition et par la science, il harmonisera la composition à sa conception, c'est-à-dire qu'il adaptera les lignes (directions et angles), le clair-obscur (tons), les couleurs (teintes) au caractère qu'il voudra faire prévaloir. »

Ce n'est qu'en regardant également l'autre grande œuvre de Seurat, *Un dimanche à la Grande Jatte* (repr. p. 42/43), que l'on a l'impression d'une Arcadie contemporaine qui pourtant – et malgré sa grande luminosité – semble prosaïque, dénuée de romantisme et ne cachant pas par ailleurs quelques allusions ironiques. Au Salon des indépendants de 1884, cette toile attira l'attention de Paul Signac qui exposait lui-même des œuvres s'inspirant de Monet. Très vite, les deux artistes échangèrent leurs expériences et surtout leurs espoirs concernant la peinture. Signac apprit de Seurat la théorie des couleurs et celui-ci, sur le conseil de son nouvel ami, retoucha *Une Baignade* à certains endroits en les différenciant avec des taches de couleur.

Voulant étudier plus en profondeur les lois des contrastes, Signac rendit visite à Chevreul. Toutefois, ce dernier presque centenaire fut incapable de répondre à

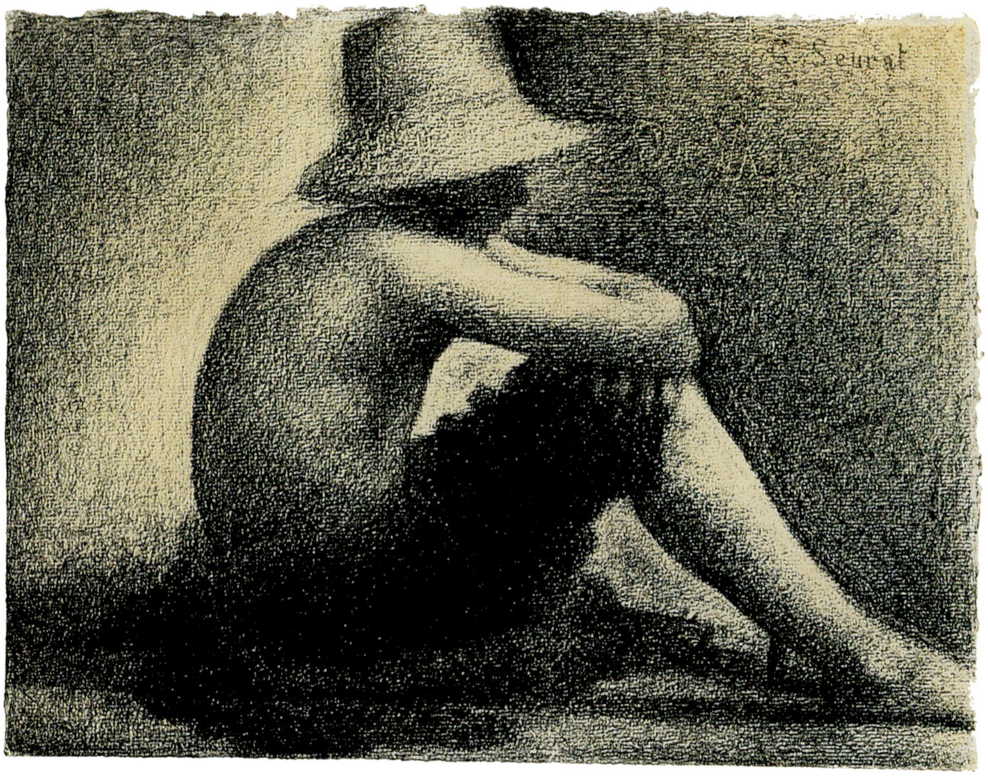

Garçon assis (étude de nu), 1883–1884
Crayon Conté, 31,7 x 24,7 cm
Édimbourg, National Gallery of Scotland

Garçon assis portant un chapeau de paille,
1883–1884
Crayon Conté, 24 x 30 cm
New Haven, CT, Yale University Art Gallery

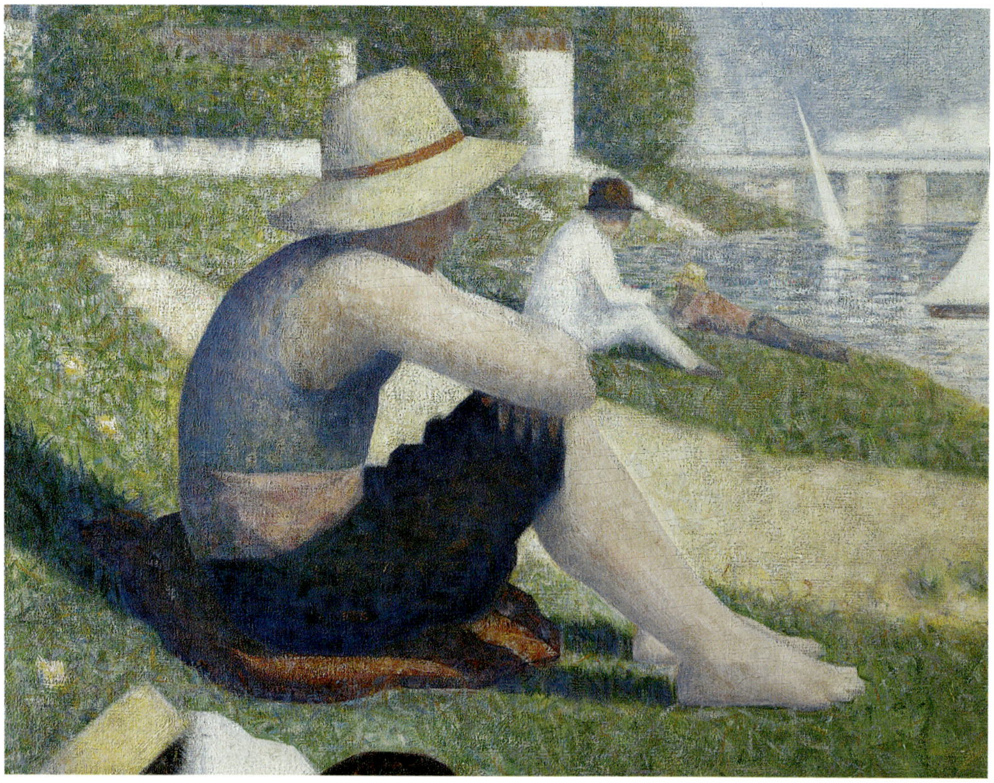

Une baignade, Asnières (détail), 1883–1884
Huile sur toile, 201 x 300 cm
Londres, National Gallery

ses questions. Il ne restait plus au peintre qu'à continuer à étudier seul les travaux scientifiques sur la théorie des couleurs. À côté de l'œuvre de Chevreul, il consulta la *Théorie scientifique des couleurs*, parue en 1881, qui lui fut très utile. Cet ouvrage avait été rédigé en 1878 sous le titre de *Modern Chromatics* par le New-Yorkais Ogden Nicholas Rood (1831–1902), physicien et peintre amateur. Seurat apprit de Chevreul et de Rood que les couleurs atteignaient la rétine sous forme de radiations lumineuses de longueurs d'ondes différentes et

PAGES 28/29 :
Une baignade, Asnières, 1883–1884
Huile sur toile, 201 x 300 cm
Londres, National Gallery

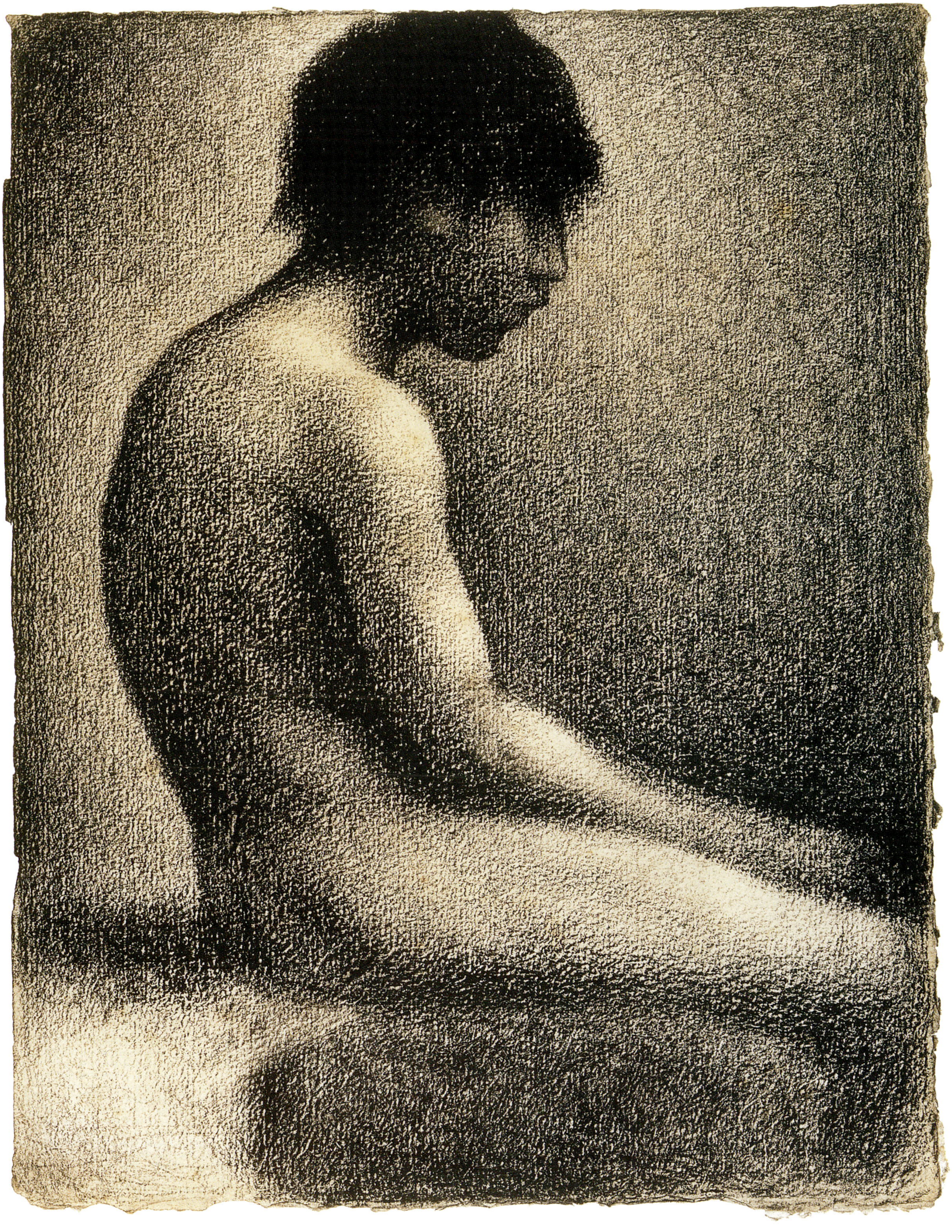

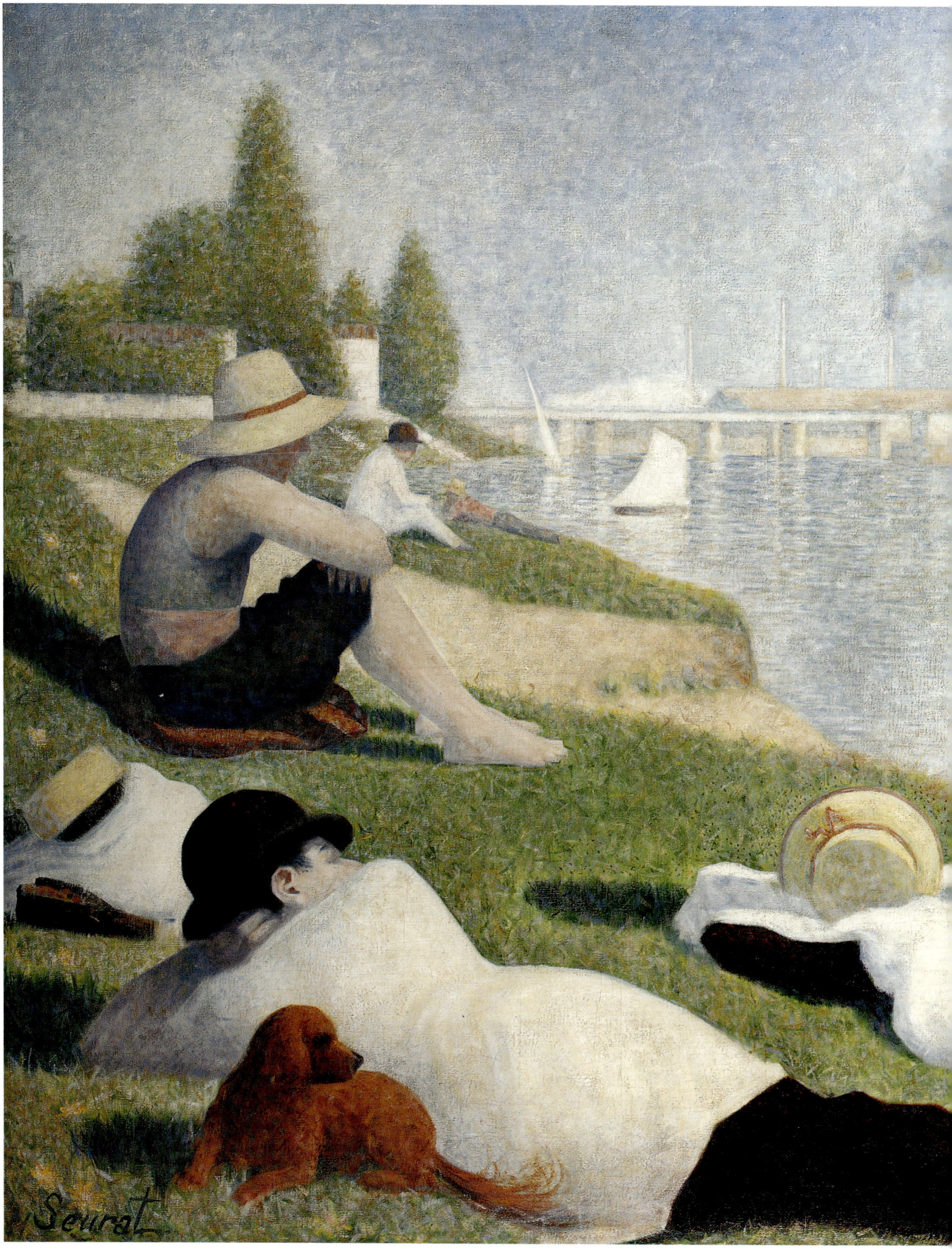
Seurat

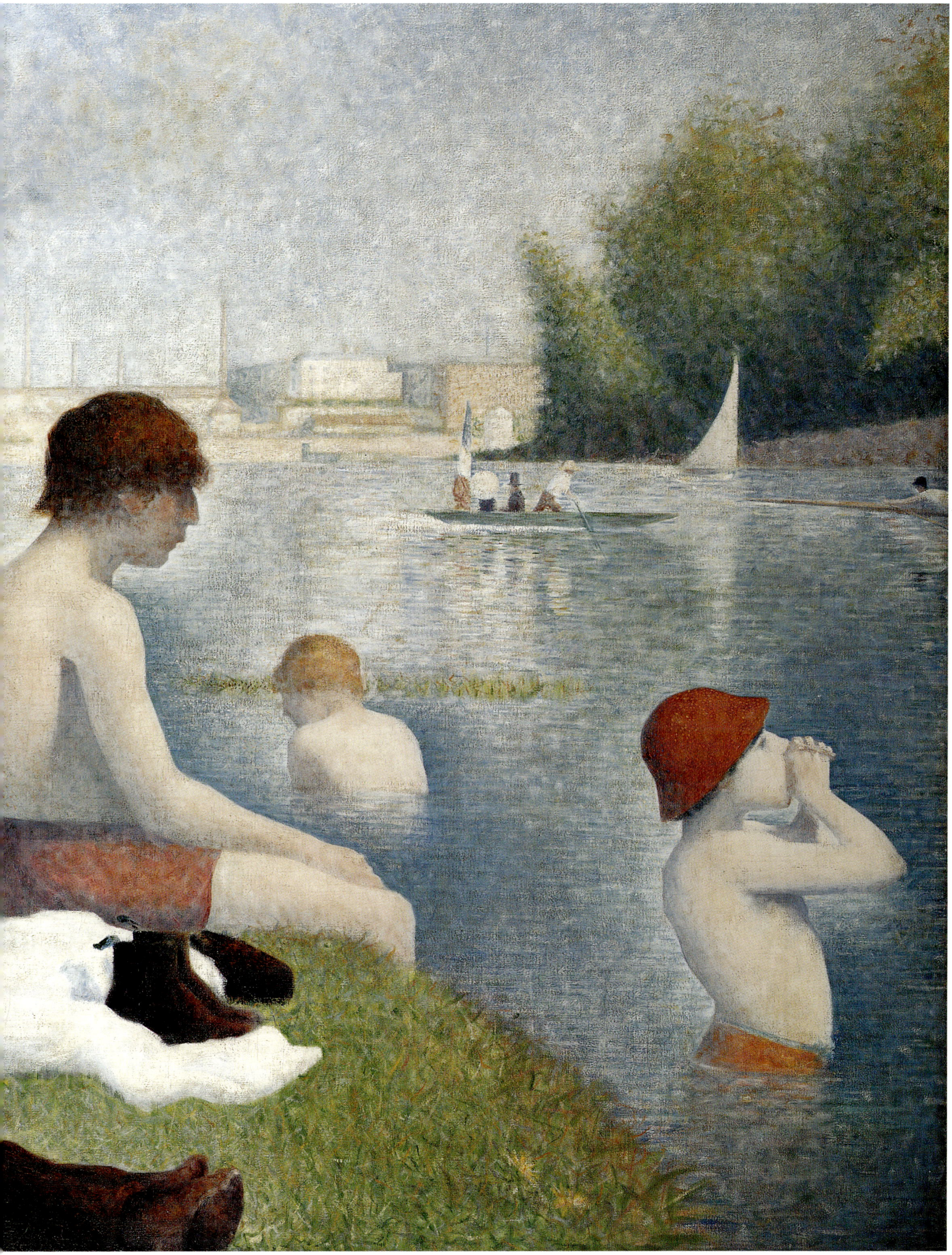

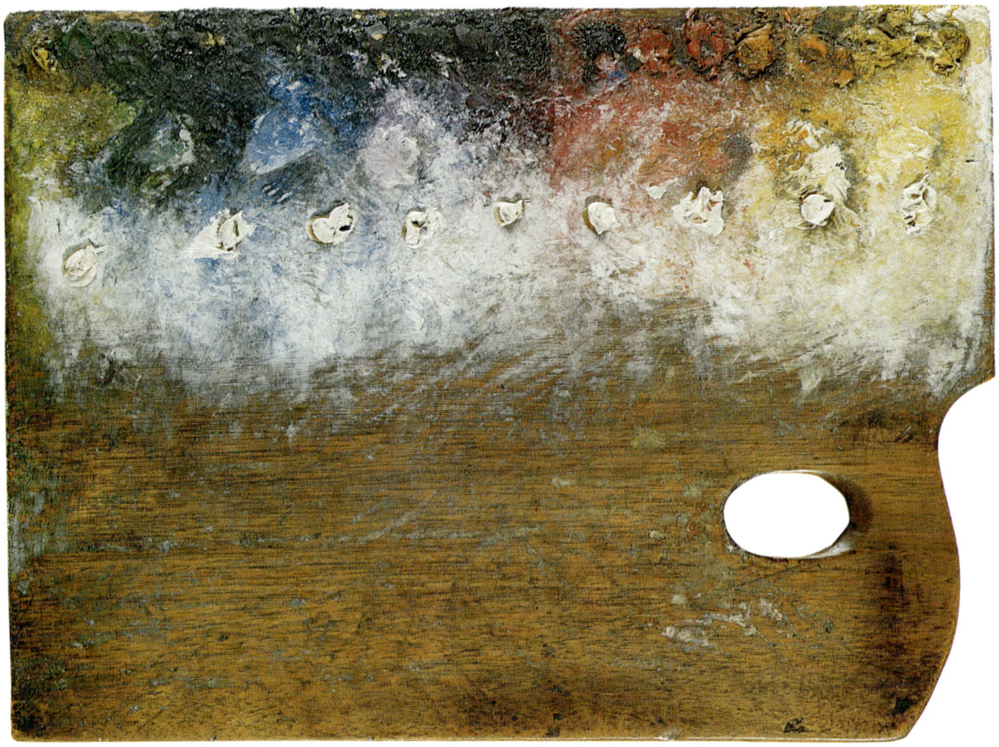

La palette de Georges Seurat, vers 1891
Paris, Musée d'Orsay

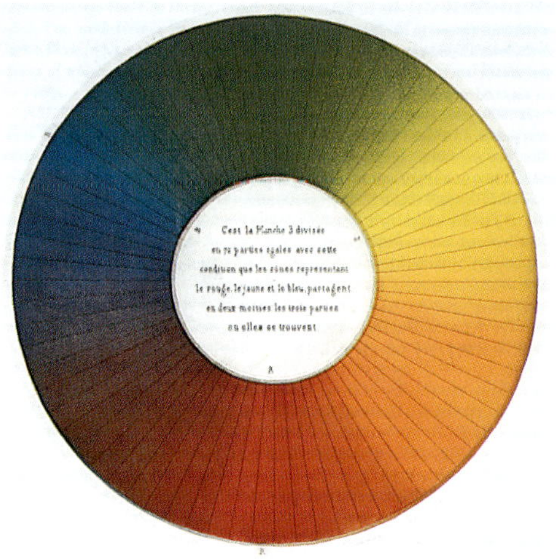

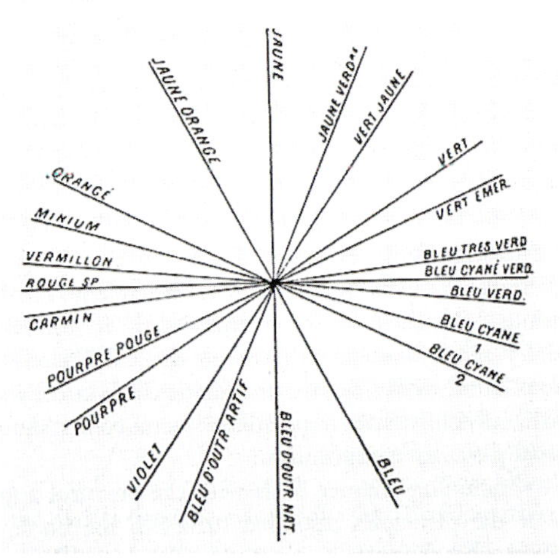

À GAUCHE :
Michel Eugène Chevreul
Cercle chromatique, 1864
Extrait de : M. E. Chevreul, *Des couleurs et de leurs applications aux arts industriels. À l'aide de cercles chromatiques*, Paris 1864

À DROITE :
Ogden N. Rood
Diagramme des contrastes complémentaires, 1881
Extrait de : O. N. Rood, *Théorie scientifique des couleurs et leurs applications à l'art et à l'industrie*, Paris 1881

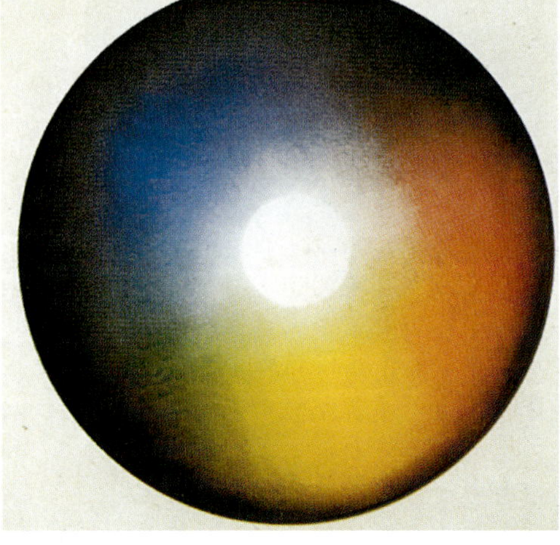

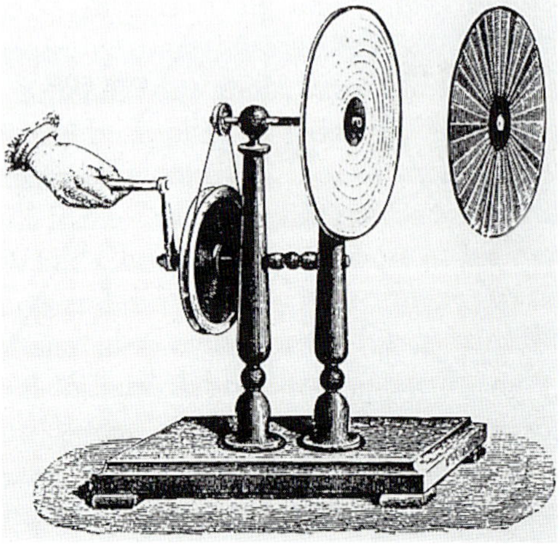

À GAUCHE :
Charles Henry
Cercle chromatique, 1889
Extrait de : C. Henry, *Cercle chromatique*, Paris 1889

À DROITE :
Appareil pour le mélange gyroscopique
(avec disque de Maxwell)
Extrait de : W. Homer, *Seurat and the science of painting*, Cambridge/Mass., 1964

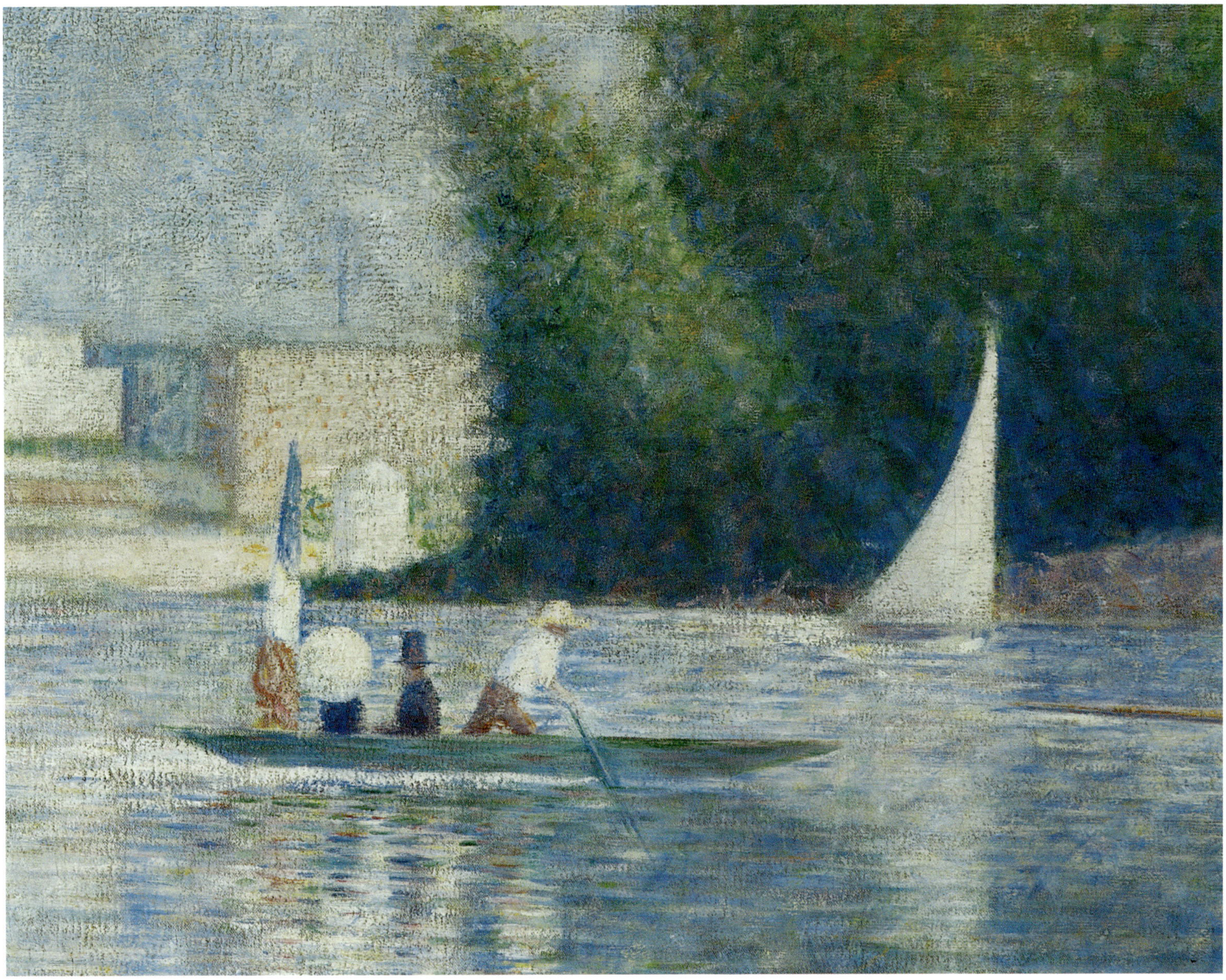

Une baignade, Asnières (détail), 1883–1884
Huile sur toile, 201 x 300 cm
Londres, National Gallery

que c'était l'œil qui en faisait la synthèse. Il devait finalement en tirer les conséquences en appliquant les couleurs fondamentales sous forme de points juxtaposés sur la toile au lieu de mélanger les pigments sur la palette.

Les recherches de Rood portaient essentiellement sur la distinction entre la teinte lumière additive et la teinte pigment soustractive, encore peu connue à l'époque. S'appuyant sur les dernières découvertes effectuées par Hermann Helmholtz (1821–1894) et sur le mécanisme des sensations colorées du médecin et physicien anglais Thomas Young (1773–1829), Rood pouvait confirmer à l'aide de ses observations personnelles empiriques que le rouge, le jaune et le bleu, en tant que couleurs primaires, ne donnaient lieu qu'à un mélange soustractif des pigments colorés tandis que les couleurs primaires de la lumière étaient le rouge orangé, le vert et le violet. Rood se servit pour cela d'un diagramme (repr. p. 30) élaboré par le physicien anglais James Clerk Maxwell (1831–1879). Pour la synthèse additive on applique les deux pigments colorés l'un à côté de l'autre sur un disque. Quant celui-ci se met à tourner, on obtient une teinte ressemblant au ton composé qui résulte de la synthèse soustractive des deux pigments. La comparaison montrait que le mélange gyroscopique était toujours plus lumineux que la teinte pigment normale. Rood en conclut que les

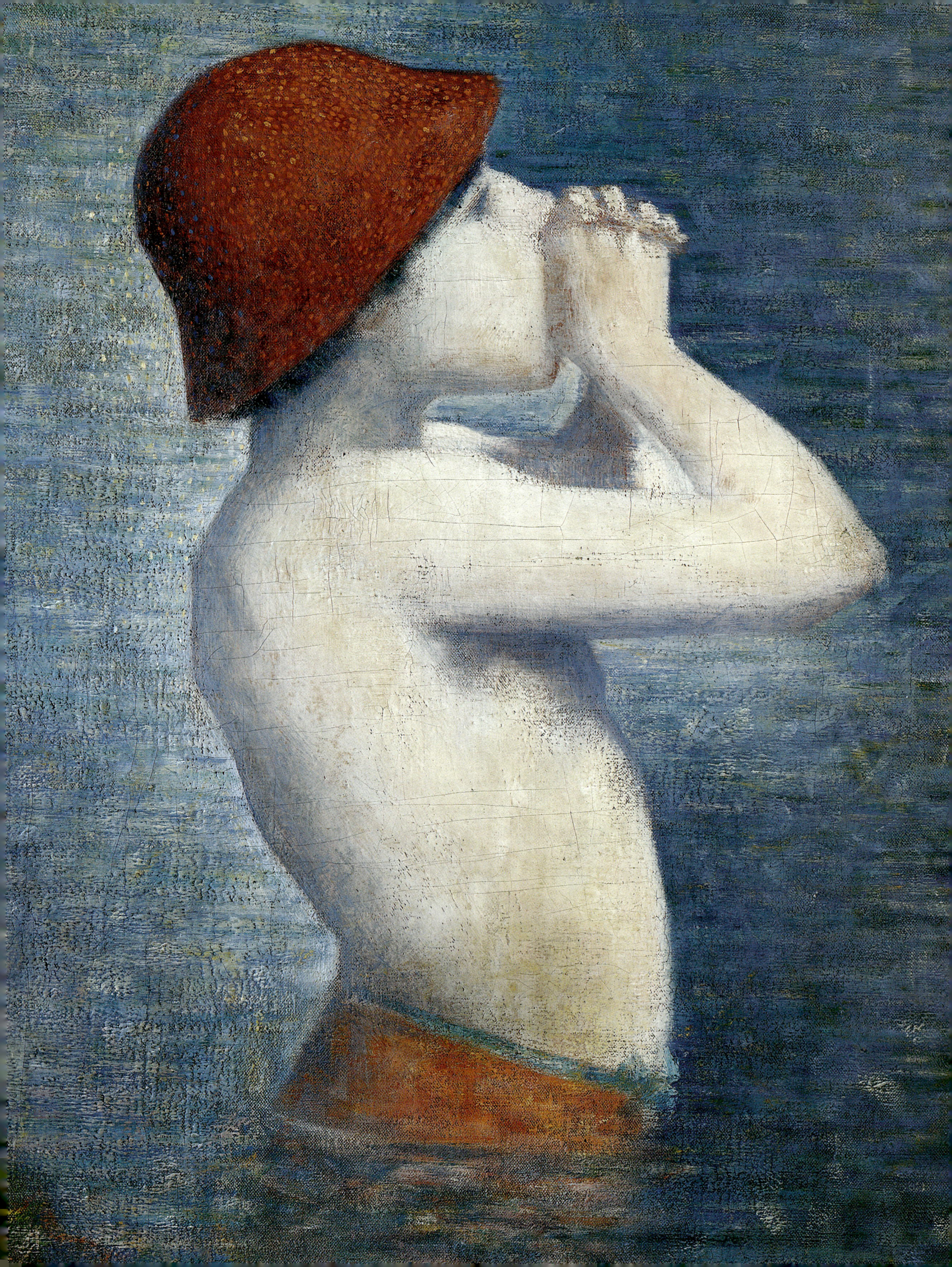

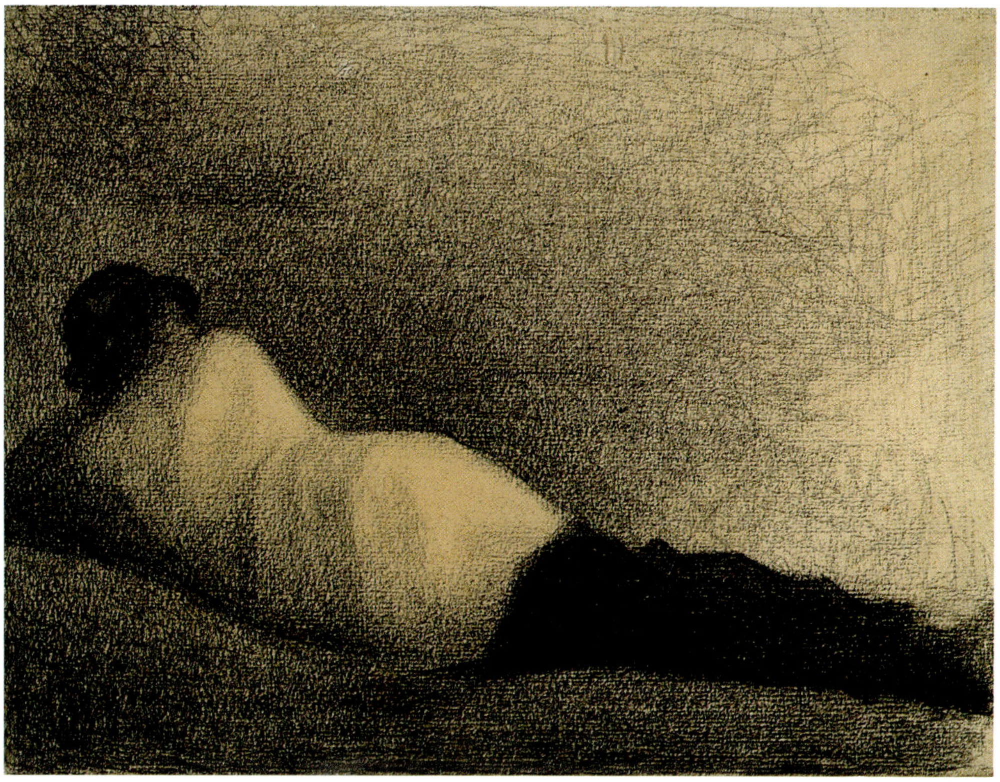

L'Homme couché (étude pour *Une baignade, Asnières*), 1883–1884
Crayon Conté sur papier Ingres, 24 x 31 cm
Bâle, Collection Beyeler

peintres ne devaient pas trop mélanger leurs couleurs, mais apposer si possible les pigments les uns à côté des autres. Pour ce «mélange optique», il élabora un grand nombre d'équations et de procédés techniques pour l'application de la peinture.

Plus important encore que ce «mélange optique» était le domaine exploré par Rood des couleurs dites complémentaires, à savoir les contrastes qui se complètent ou se créent en alternance à l'intérieur de l'œil et qui peuvent conférer une luminosité intense à la couleur dans le tableau. Grâce aux expériences réalisées avec le disque de Maxwell, Rood pouvait déterminer exactement les couleurs complémentaires qui s'harmonisaient et les reproduire dans un cercle chromatique sous forme de coloris les uns en face des autres. Ce cercle chromatique, que Seurat copia de la version française (repr. p. 30) était particulièrement utile pour les peintres à orientation scientifique puisqu'il différenciait la classification schématique de Chevreul – vert en face de rouge, jaune en face de violet, bleu en face d'orange – en pigments définis avec exactitude (Cercle chromatique de Chevreul, repr. p. 30).

Signac avait introduit Seurat dans un cercle où l'on discutait beaucoup de ces théories. Ce cercle comprenait les impressionnistes Armand Guillaumin (1841–1927) et Camille Pissarro ainsi que les écrivains symbolistes Robert Caze (1853–1886) et Gustave Kahn. Tiré de son isolement et confronté à de nouvelles idées, Seurat s'attaqua à son prochain grand tableau avec lequel il devait créer un nouveau style (le pointillisme) et inaugurer aussi un mouvement pictural, le néo-impressionnisme.

PAGE 32 :
Une baignade, Asnières (détail), 1883–1884
Huile sur toile, 201 x 300 cm
Londres, National Gallery

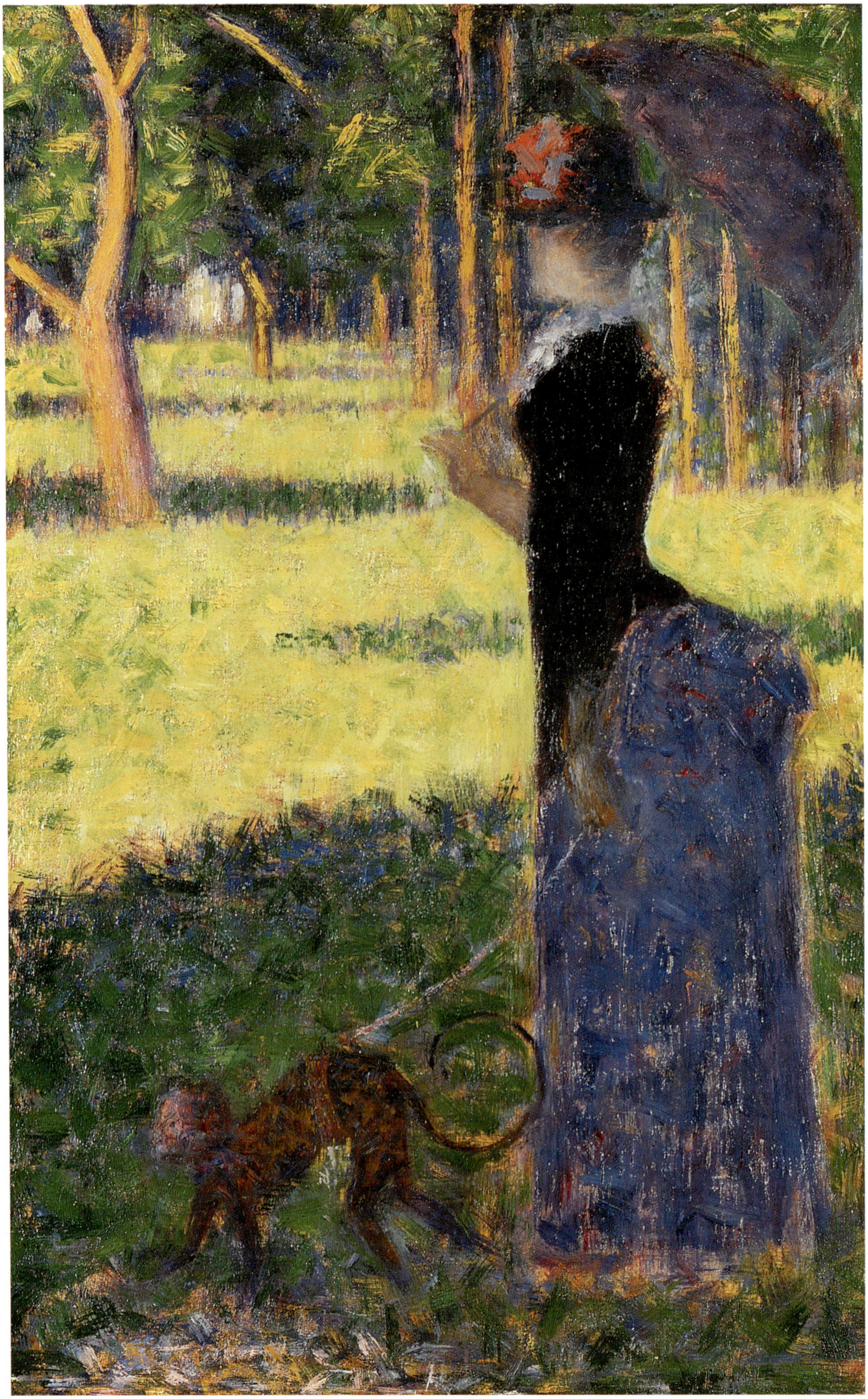

Un dimanche à la Grande Jatte

Peu après avoir achevé *Une baignade*, Seurat envisagea de peindre un deuxième tableau grand format. Vers la fin de 1884, il commença ses études de paysages et de figures dans le parc de l'île de la Grande Jatte près d'Asnières. Il suffit de descendre le boulevard Bineau en direction de Neuilly pour parvenir à cette île de la Seine, ainsi nommée en raison de sa forme rappelant un récipient antique. Recouverte aujourd'hui de constructions, la Grande Jatte était dans les années 1880 un endroit idyllique où les Parisiens venaient se détendre. Lieu d'excursion très prisé, surtout le dimanche, ils y goûtaient entre autres les joies de la baignade. Le Tout-Paris flânait ainsi entre les guinguettes et les marchands de gaufres ou s'adonnait au canotage, un sport en vogue à l'époque. Toutefois, la Grande Jatte était aussi une «Cythère moderne», un lieu où bourgeois et cocottes se donnaient rendez-vous.

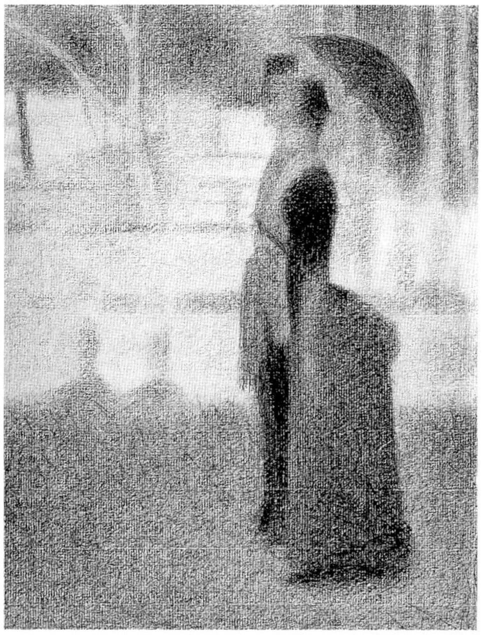

Le Couple, 1884
Crayon Conté, 30,1 x 23,8 cm
Londres, British Museum

Une description contemporaine du tableau de Jules Christophe (1840–1929) de l'année nous permet de constater que Seurat a choisi consciemment une vision typique du Paris de l'époque : sous un ciel d'été embrasé la Seine brillant dans la lumière du jour, sur la rive opposée, de jolies maisons, de petits bateaux à vapeur, les voiles de joyeuses yoles glissant sur le fleuve, et plus près, sur le chemin, quelques promeneurs, de nombreux flâneurs allongés dans l'herbe bleu cyan ou pêchant nonchalamment, des jeunes filles, une nourrice, une vieille grand-mère à la coiffe d'une dignité dantesque, un canotier s'étirant et fumant sa pipe sans plus de façons et dont le bas du pantalon clair est éclaboussé de lumière, un carlin violet foncé, un papillon roux, une jeune femme et sa petite fille en robe blanche et ceinture saumon, deux saint-cyriens, deux autres jeunes filles dont l'une arrange un bouquet, un enfant roux en robe bleue, un couple dont la bonne tient l'enfant dans les bras et, à l'extrême-droite, le couple hiératique et scandaleux, un jeune dandy donnant le bras à sa compagne maniérée qui tient en laisse un singe jaune, violet et outremer.

Dans le tableau de Seurat toutefois, un ordre sévère régit cette description contemporaine de petits-bourgeois parisiens réunis dans une ambiance impressionniste (repr. p. 42/43). Afin de souligner la silhouette claire et nette de chaque figure, Seurat a évité presque partout les chevauchements. Il a réussi ainsi, malgré la perspective, à souligner la surface picturale comme dans une frise. Les personnages sont à peine montrés en mouvement, à l'exception, à droite, de la fillette sautant à la corde. L'agencement bien ordonné du tableau ôte toute impression d'instantané. L'île de la banlieue apparaît chez Seurat telle une Arcadie moderne : ni bouteille vide, ni reliefs de pique-nique ne viennent souiller les pelouses. Restaurants, cafés, chantiers de construction de bateaux ou habitations, qui, au début des années 1880, recouvraient déjà les deux tiers de

PAGE 34 :
La Femme au singe, 1884
Huile sur bois, 24,8 x 15,9 cm
Northampton, MA, Smith College Museum of Art
Purchased, Tryon Fund, 1934

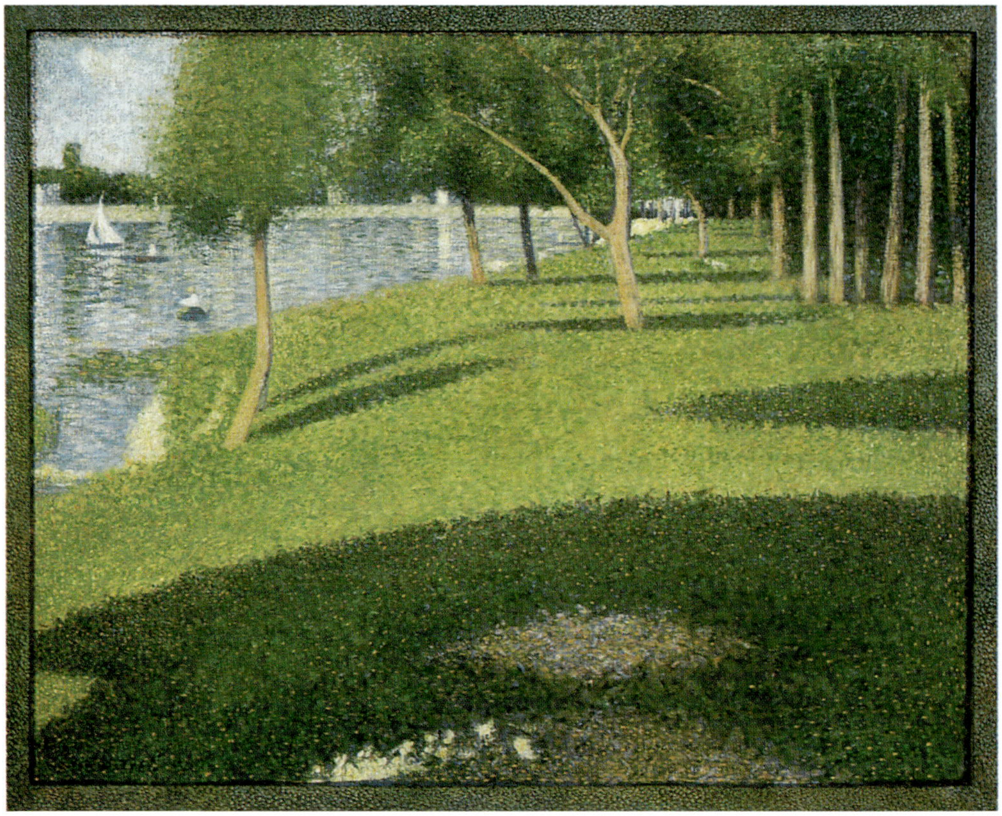

Paysage, L'Ile de la Grande Jatte, 1884
Huile sur toile, 64,7 x 81,2 cm
Collection particulière

l'île, restent tout aussi invisibles. Les visiteurs, les « modernes » comme les appelle Seurat, se promènent fort civilement ou se reposent à l'ombre. Personne ne se baigne, ni ne retire ses vêtements. Les figures issues de la vie quotidienne parisienne semblent tout droit sorties du *Bois sacré, cher aux Arts et aux Muses* (repr. p. 38) de Puvis de Chavannes dont Seurat était un grand admirateur. Et c'est comme dans un « bois sacré » que les figures de Seurat déambulent, hors du temps et de l'espace, sur l'île.

En réalité, le propos du peintre n'est pas de raconter des anecdotes. Les traits de ses personnages restent flous et leurs corps inexpressifs. Ils n'ont pas d'histoire ni de caractère individuels. Ces « modernes » que le peintre entendait représenter « en ce qu'ils ont d'essentiel », il les a réduits à des attributs comme le haut-de-forme, la canne ou le corset, des signes sur une frise.

Le couple formé par un bourgeois parisien et une demi-mondaine tenant un singe en laisse, symbole de l´instinct à peine réprimé, justifie ainsi le nom « l'île de l'amour », que l´on pourrait également donner à l´île de la Grande Jatte. À gauche, la femme à la canne à pêche sert également d'indice. À l'époque, les femmes pêchant (seules) passaient pour frivoles, pêcheuses « pécheresses » appâtant les hommes.

La représentation de l'enfant en blanc avec sa mère forme un contraste clair au milieu du tableau. Bien que des touches blanches soient réparties sur toute la toile, suivant la technique de la fresque de la Renaissance, cette partie du tableau attire particulièrement le regard surtout en raison de la position frontale des personnages. Cette disposition apparemment mûrement réfléchie des deux figures suggère une interprétation symbolique. L'enfant pourrait ainsi être compris comme porteur d'espoir, comme le principe même de l'espérance au milieu d'une société figée. Le blanc, par ailleurs, se trouve au centre des couleurs. C'est de la lumière blanche que sont issues les couleurs prismatiques qui peuvent être recomposées en lumière blanche. S'étant penché sur la théorie des couleurs, Seurat connaissait les expériences de Newton sur la réfraction prismatique en sept couleurs spectrales. Dans les cercles chromatiques de Rood et de Henry (repr. p. 30), que Seurat a utilisés avec certitude, le blanc se trouve aussi au milieu. Ces réflexions sur la théorie des couleurs laissent donc supposer qu'il s'agit ici d'un domaine capital pour la compréhension du tableau.

L'élaboration du tableau donna lieu une fois encore à toute une série d'études préliminaires qui, contrairement à celles de la *Baignade*, ne peuvent pratiquement pas être classées de façon logique. Parmi les trente-quatre études peintes et les vingt-huit dessinées se trouvent des esquisses de croquetons préparant certaines scènes, d'autres études d'ensemble plus élaborées montrent les promeneurs (repr. p. 37, 39) et des dessins de figures isolées (repr. p. 35, p. 38). Lors du Salon des indépendants en 1884, Seurat avait déjà présenté un tableau de la Grande Jatte sans personnages (repr. p. 36).

Seurat dut ici résoudre un problème qui s'était déjà posé dans *Une baignade*. Le rivage était si haut qu'il était pratiquement impossible dans un tableau d'après la nature de représenter ensemble tous les promeneurs de l'île et les personnes assises au bord de l'eau. Le peintre élargit donc la vue sur cette partie de l'île en abaissant le creux formé par la rive, ce qui lui permettait d'intégrer aussi la Seine. Les ombres obliques des arbres plantés sur la rive suggèrent cette anfractuosité. La grande ombre du premier plan peut difficilement être interprétée du point de vue naturaliste. Comme dans les gravures sur bois japonaises, dont les impressionnistes aimaient s'inspirer, Seurat attire le regard sur le centre du tableau par le biais des deux zones d'ombres en bas et en haut. L'abstraction de la nature est frappante dans le tableau pointilliste du paysage où l'on ne voit âme qui vive (repr. p. 36). Sur la base de ses observations faites sur le terrain,

Vue générale avec groupement de personnages, 1884
Huile sur bois, 15,5 x 25,1 cm
Chicago, The Art Institute of Chicago,
Gift of Mary and Leigh Block, 1981.15

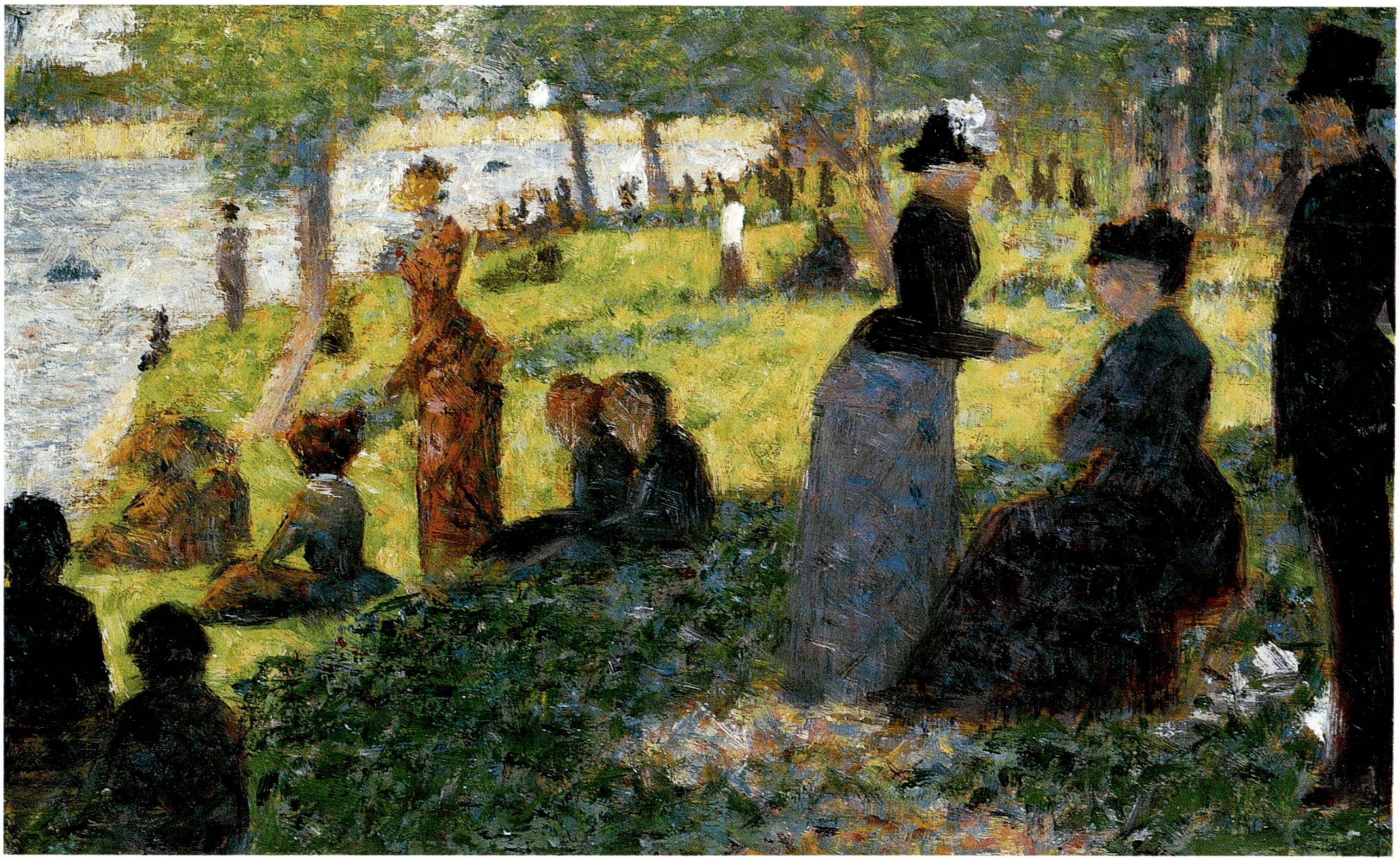

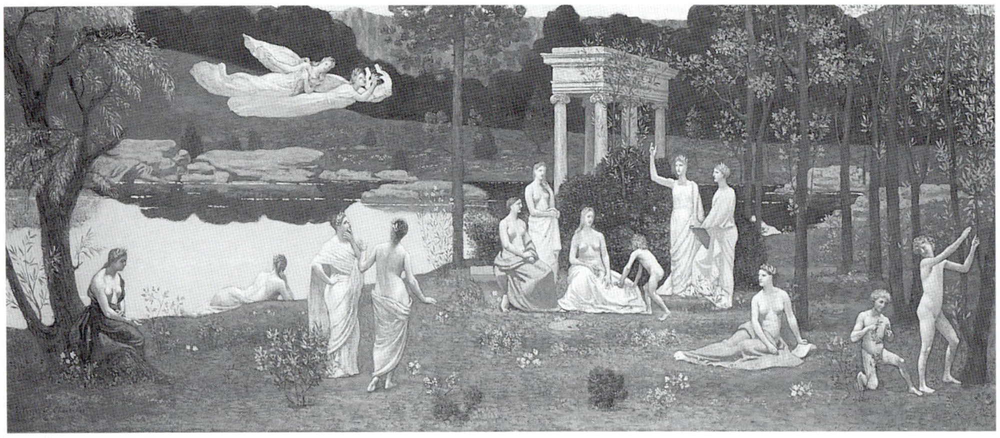

Pierre Puvis de Chavannes
Le Bois sacré, cher aux Arts et aux Muses, vers 1884–1889
Huile sur toile, 92.6 x 231cm
Chicago, The Art Institute of Chicago, Mr. and Mrs. Potter Palmer Collection, 1922.445

Seurat élabora non seulement un aménagement spatial saisissant mais encore un décor pour l'entrée en scène du public parisien.

La foule d'études de figures réalisées aussi bien sur le vif que d'après des modèles en atelier montre que l'artiste rencontra des difficultés pour animer le paysage. Dans un grand nombre d'études isolées, Seurat se prépara un répertoire de figures dans lequel il pouvait puiser pour la composition en frise du tableau. L'une des premières esquisses (repr. p. 37) révèle qu'il procédait plutôt par tâtonnements dans sa recherche d'ordre. Toutefois, le regard des figures vers la gauche semble avoir été prévu dès le début et l'idée d'un groupe de figures debout à droite sera reprise aussi plus tard dans le grand tableau. Dans un autre croqueton, l'homme se tenant à l'extrême-droite fut déplacé un peu plus vers le milieu où il jouera ensuite, dans le tableau, le rôle d'accompagnateur de la femme au singe.

Seurat accorda une attention particulière à cette femme qui fit l'objet de nombreuses études et dessins. Dans un croquis très impressionniste, on constate qu'il a déjà déterminé les coloris de ses vêtements, la jupe violette et la veste noire (repr. p. 34). Le parapluie reprend les couleurs de la jupe dans des tons plus foncés. Elle tient déjà en laisse le singe symbolique qui, s'il semble être une caricature dans le tableau ultérieur du fait de sa taille réduite, n'en sera pas moins interprété par les contemporains de Seurat comme l'accessoire évident d'une cocotte. Seurat réalisa également plusieurs dessins pour le singe afin d'être sûr de la justesse de son anatomie et de son attitude (repr. p. 38). Un grand et beau dessin au crayon Conté représente une étude du couple dans un décor champêtre (repr. p. 35).

Seurat rassembla ensuite les différentes études dans une dernière grande étude (repr. p. 39). À l'exception des deux femmes se reposant à l'ombre devant les saint-cyriens, toutes les figures se trouvent à l'endroit où elles apparaîtront dans le tableau. Quelques personnages ont été ajoutés: l'homme jouant du cor derrière le vieux couple, la fillette sautillant et les deux hommes devant à gauche. Comparées à celles du tableau, les couleurs de cette étude sont beaucoup plus vives. Ceci provient des forts contrastes de clair-obscur, lesquels ont été atténués dans le tableau au profit d'une harmonie de couleurs claires. Toutefois, les contrastes complémentaires n'apparaissent pas encore de façon aussi différenciée. Dans le grand tableau, une veste rouge rubis contraste avec une jupe bleue ou une jupe rouge orangé avec une veste bleue. Les couleurs analogues selon Chevreul (Cercle chromatique, p. 30) sont le rouge orangé du chapeau de la jeune femme à l'ombrelle, le rouge de sa veste, le jaune orangé de la jupe de l'autre femme, le brun jaune des cheveux et le violet rouge de l'ombrelle

EN BAS:
Le Singe, 1884
Crayon Conté, 17,7 x 23,7 cm
New York, The Metropolitan Museum of Art Bequest of Miss Adelaide Milton de Groot (1876–1967), 1967, (67.187.35)

La Pêcheuse à la ligne, 1884
Crayon Conté, 30,9 x 23,9 cm
New York, The Metropolitan Museum of Art Purchase, Joseph Pulitzer Bequest, 1951; acquired from The Museum of Modern Art, Lillie P. Bliss Collection, (55.21.4)

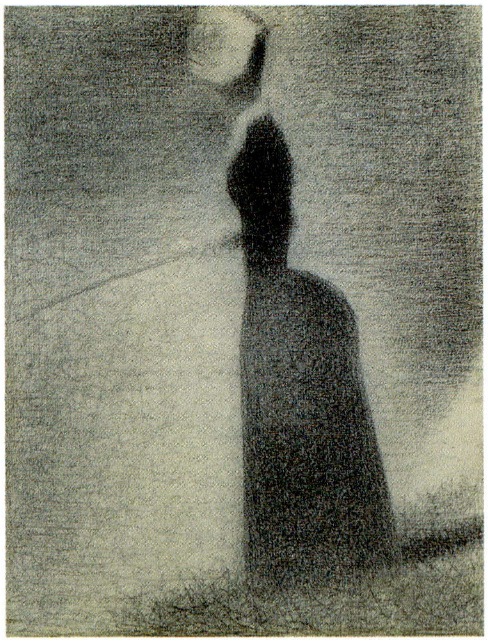

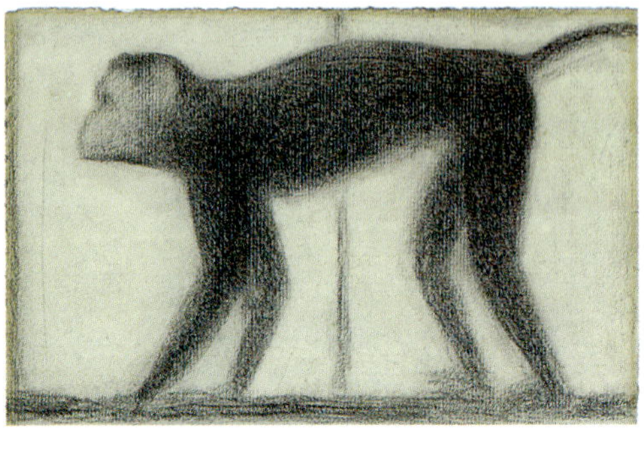

dans l'herbe. Ces couleurs chaudes contrastent avec les couleurs froides, la veste bleu de Prusse de la jeune fille aux fleurs, la jupe outremer de l'autre femme et le chapeau dans l'herbe. Pourtant, tous ces coloris sont si foncés qu'ils se détachent clairement de la pelouse verte. Cet exemple montre comment Seurat adaptait le ton local des études faites en plein air selon ses conceptions sur la théorie des couleurs.

Toutes les figures ainsi que leurs ombres apparaissent exactement modelées dans la version finale. Seurat obtint cette impression plastique, nouvelle pour les impressionnistes, par la technique déjà connue de l'aura et du contraste mûrement réfléchi entre figures et arrière-plan (Détail, repr. p. 44, 45). Pour cela, il lui fallait concevoir toute la composition à l'avance et juger de son effet spatial, lequel réintroduisait la perspective centrale à côté de la perspective aérienne et chromatique en usage chez les impressionnistes. L'agencement et la répartition des figures dans l'espace pictural étaient également effectués à l'aide d'une grille géométrique proposée par Blanc dans sa *Grammaire* d'après le système des proportions de Pythagore. Divisant la composition en espaces réguliers, cette grille définissait la position des figures principales d'une manière que Blanc qualifiait de « musique de l'espace ».

Après deux ans de travail sur *Un dimanche à la Grande Jatte*, Seurat présenta en 1886 ce tableau de plus de deux mètres sur trois à la huitième et dernière exposition des impressionnistes qui se tenait à la Maison Dorée. Cette toile suscita des réactions très diverses qui, allant de la simple irritation à la colère la plus noire, n'étaient pas sans rappeler celles de la première exposition des

Étude d'ensemble pour Un dimanche à la Grande Jatte, 1884
Huile sur toile, 70,5 x 104,1 cm
New York, The Metropolitan Museum of Art
Bequest of Sam A. Lewisohn, 1951, (51.112.6)

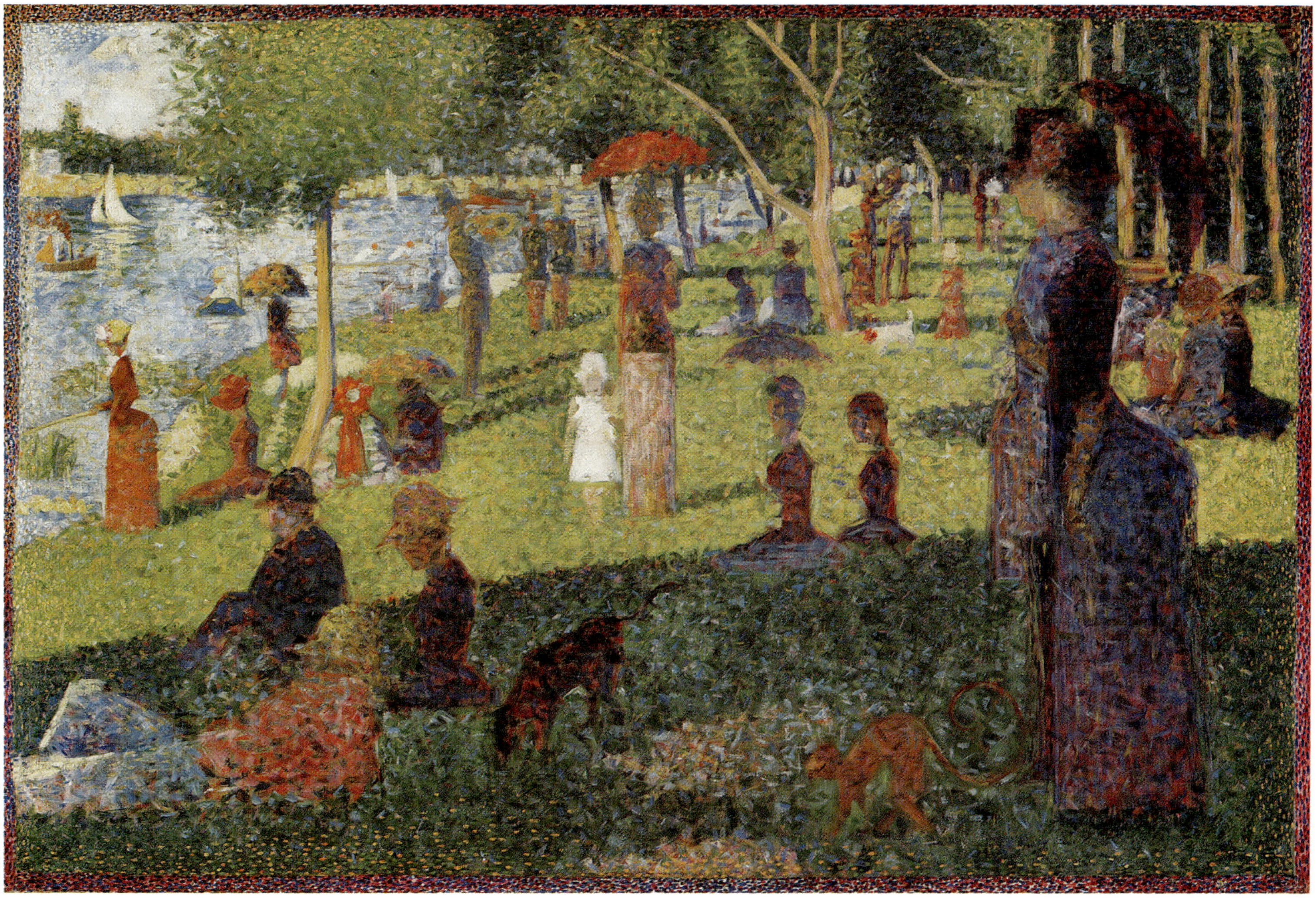

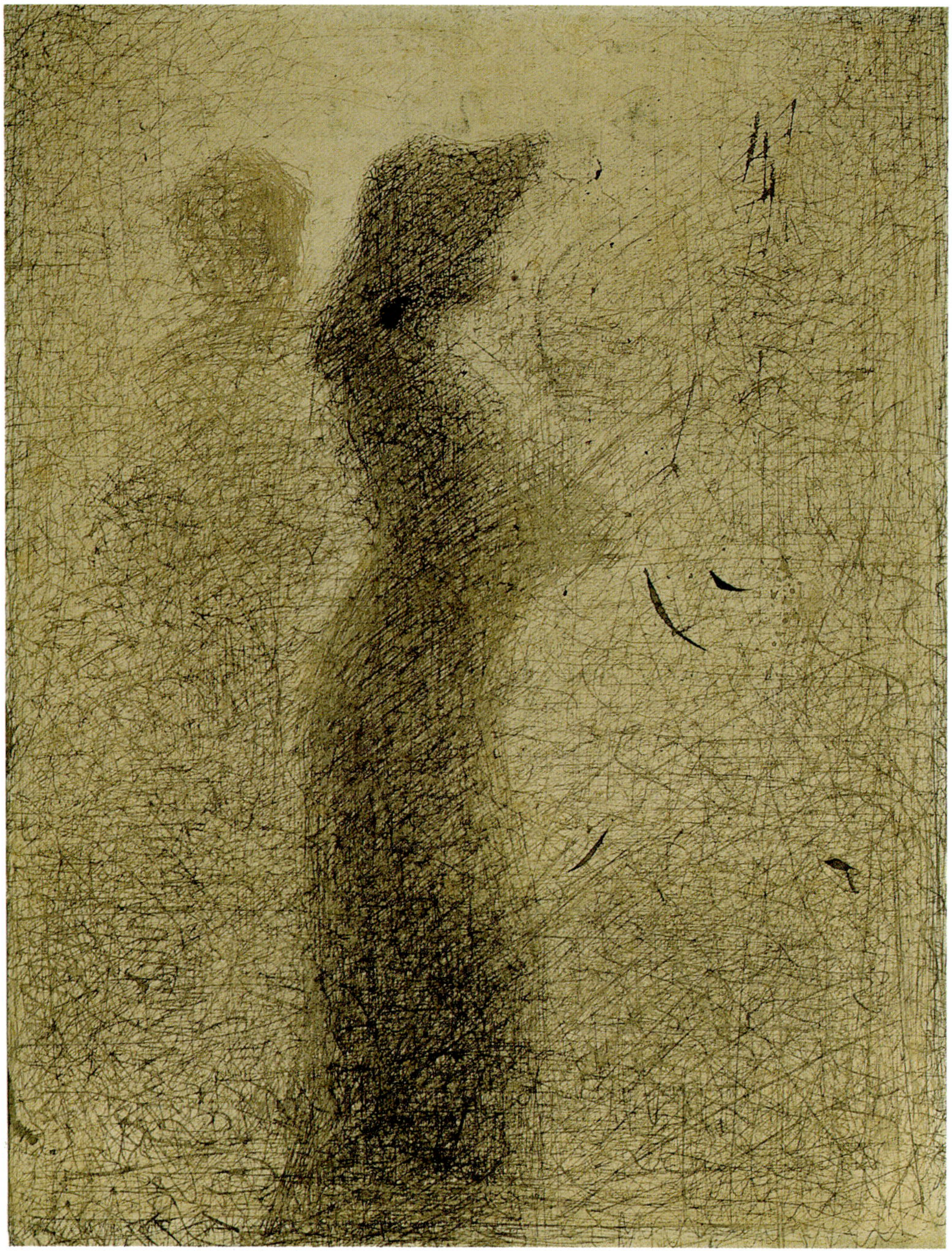

La Promenade, vers 1883
Plume, encre sur papier, 29,8 x 22,4 cm
Wuppertal, Von der Heydt-Museum

impressionnistes douze ans auparavant, où la bourgeoisie parisienne s'était déchaînée. Mais même des critiques sérieux considérèrent le tableau de Seurat d'une façon très différente suivant leur point de vue. Paul Signac nous rapporte ainsi que les deux écoles dominantes à l'époque, les naturalistes et les symbolistes, le jugèrent selon leurs convictions. Joris Karl Huysmans, Paul Alexis et Robert Caze y auraient vu une foule endimanchée de calicots, garçons charcutiers et de filles en quête d'aventures. Paul Adam, en revanche, aurait comparé les figures rigides à un cortège pharaonique et le Grec Jean Moréas à une procession panathéenne. Selon Signac, Seurat désirait créer uniquement une composition claire et gaie où les verticales et les horizontales s'équilibraient et où les couleurs chaudes et les tons clairs prédominaient avec, au milieu, une tache blanche éblouissante. Toujours selon Signac, seul l'infaillible Félix Fénéon aurait analysé avec compétence les découvertes techniques du peintre.

En effet, Félix Fénéon (1861–1944) fut le seul critique à rendre hommage de façon objective au tableau de Seurat et à sa nouvelle méthode picturale. Et de fait, ce fut surtout la technique de la toile qui provoqua l'indignation du

PAGE 41 :
La Capuche, vers 1891
Crayon Conté sur papier Michallet tendu sur du carton, 30,5 x 24 cm
Wuppertal, Von der Heydt-Museum

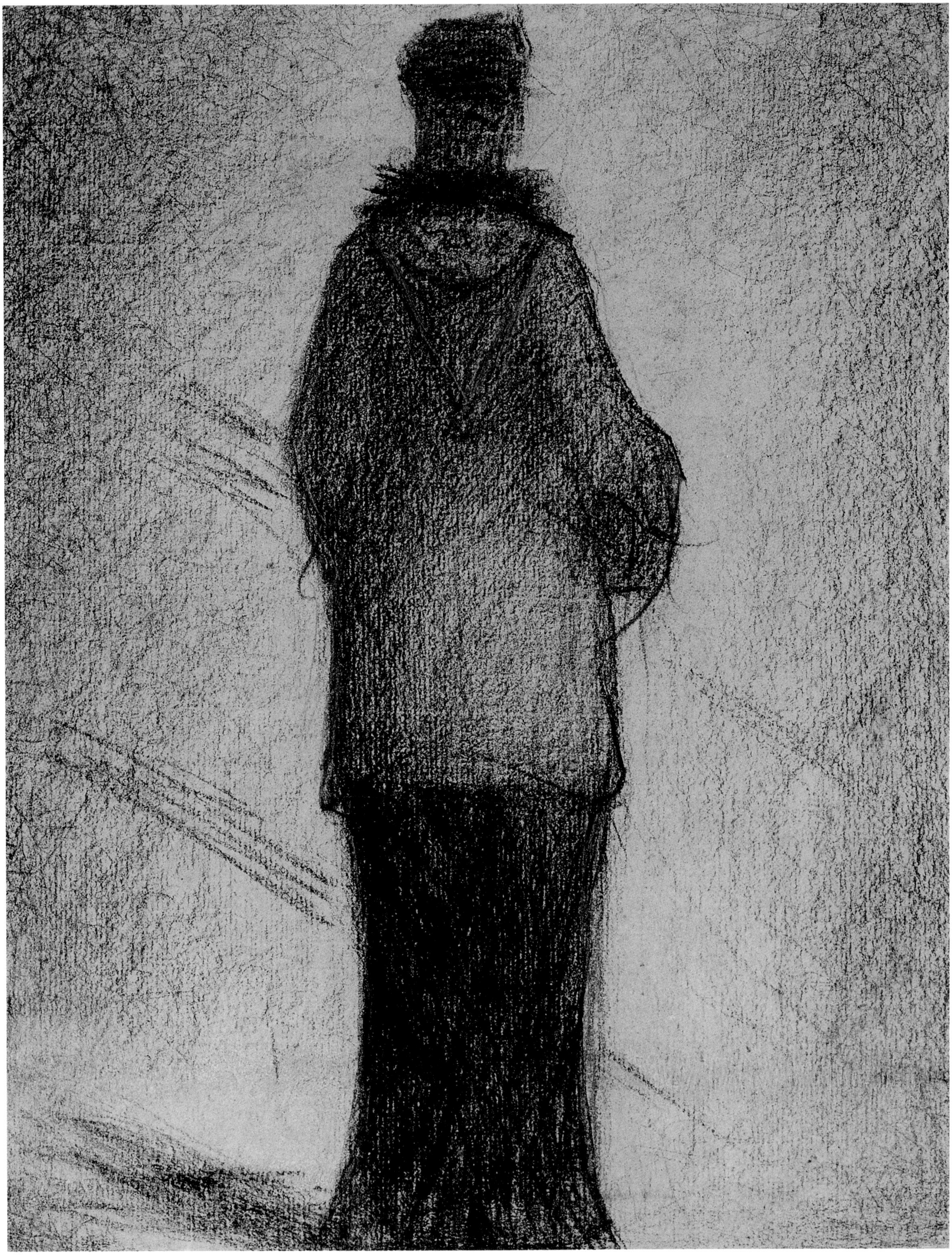

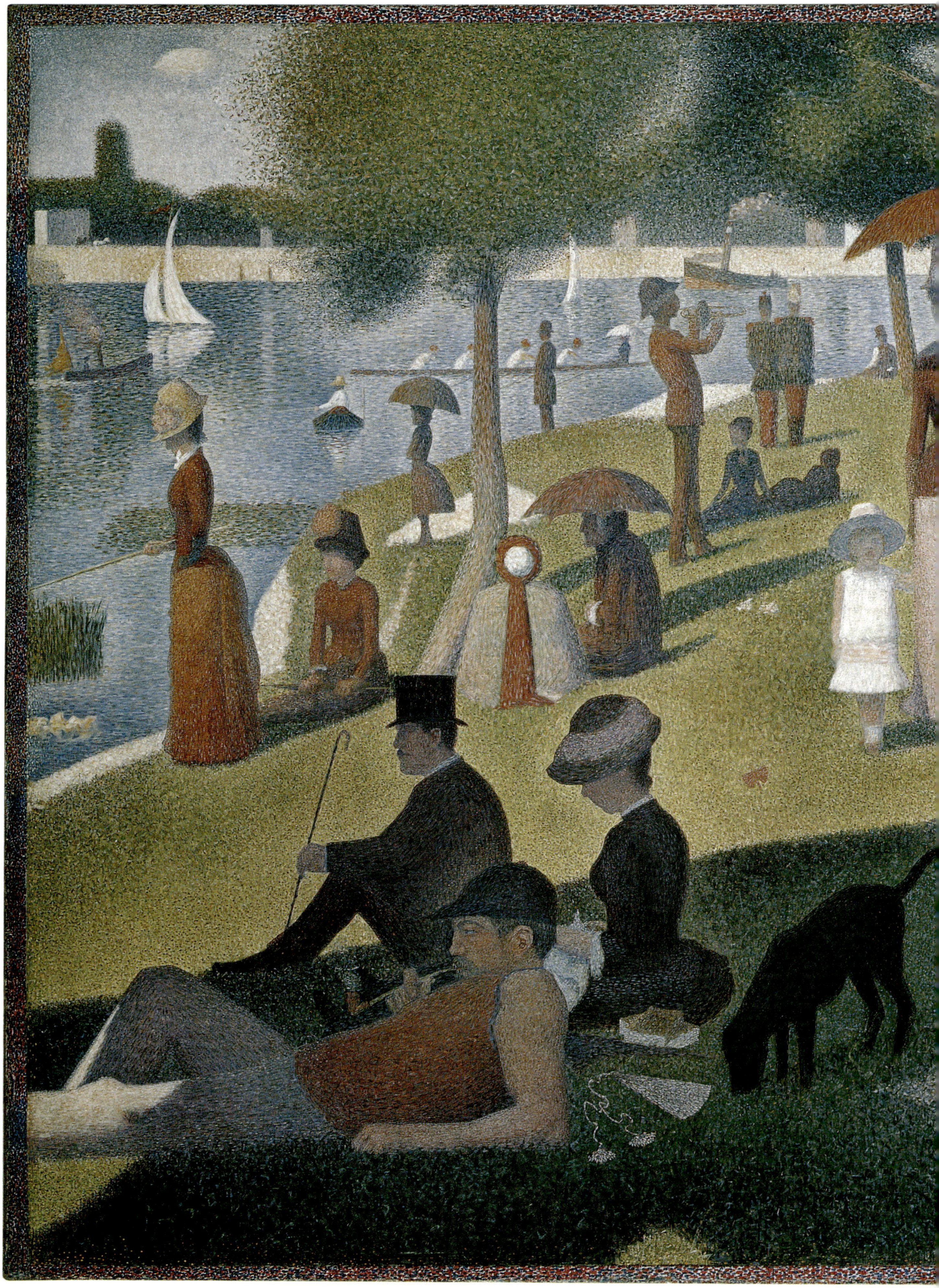

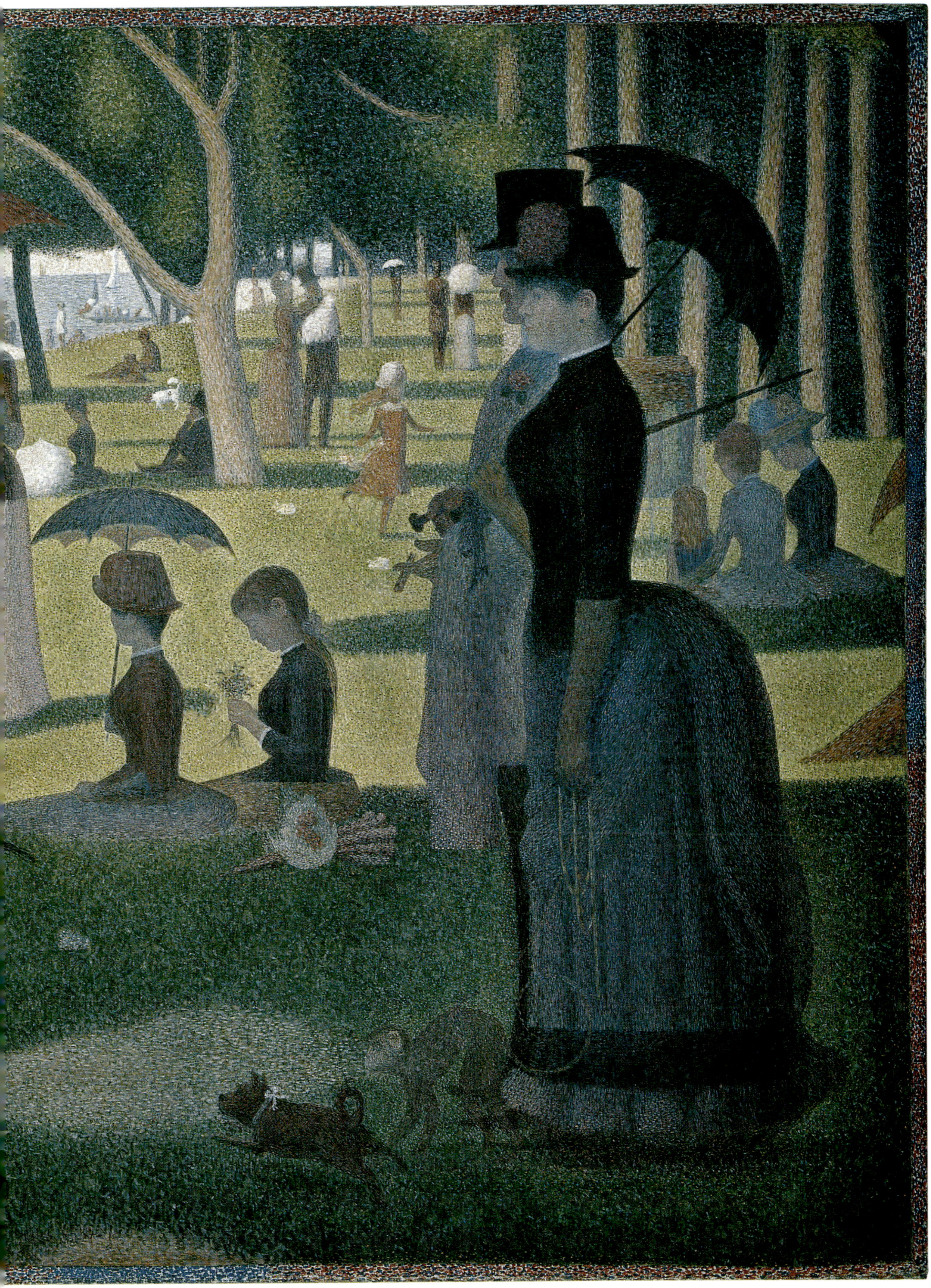

PAGES 42/43 :
Un dimanche à la Grande Jatte, 1884–1886
Huile sur toile, 207,6 x 308 cm
Chicago, The Art Institute of Chicago, Helen Birch Bartlett Memorial Collection, 1926.224

public, des critiques et des autres artistes. Theodore Robinson (1852–1896), peintre impressionniste américain, parla avec mépris de « ces hommes de peu de talent avec leurs petites inventions qui se sont accrochés au mouvement (impressionniste), notamment ce génie qui imagina la facture du mouchetage ou du petit point. » Après une interruption à l'été 1885 durant laquelle il avait peint des marines à Grandcamp, Seurat avait effectivement retravaillé la *Grande Jatte* suivant la nouvelle technique pointilliste.

C'est sur les marines de Grandcamp qu'il avait expérimenté une épuration de sa technique qui allait donner des tableaux présentant une structure chromatique de plus en plus homogène. La plus célèbre de ces toiles est *Le Bec du Hoc, Grandcamp* (repr. p. 47), un promontoire rocheux situé à l'est de Grandcamp dont Seurat fait surgir la forme massive, évoquant une vague pétrifiée, devant l'horizon de la mer étale. Pour la composition, l'artiste s'inspira de la célèbre estampe *Tempête au large de Kanagawa* (vers 1825–1830) de Katsushika Hokusaï (1760–1849). Le côté recouvert d'herbe du rocher est éclairé par le soleil comme une vague et les coulées jaunes du sable sont comme de l'écume bordant la partie violette du récif. Seurat a de nouveau souligné les contours avec une auréole qui éclaircit la mer du côté du versant à pic.

Un dimanche à la Grande Jatte (détail), 1884–1886
Huile sur toile, 207,6 x 308 cm
Chicago, The Art Institute of Chicago, Helen Birch Bartlett Memorial Collection, 1926.224

Un Dimanche à la Grande Jatte (détail), 1884–1886
Huile sur toile, 207,6 x 308 cm
Chicago, The Art Institute of Chicago, Helen Birch Bartlett Memorial Collection, 1926.224

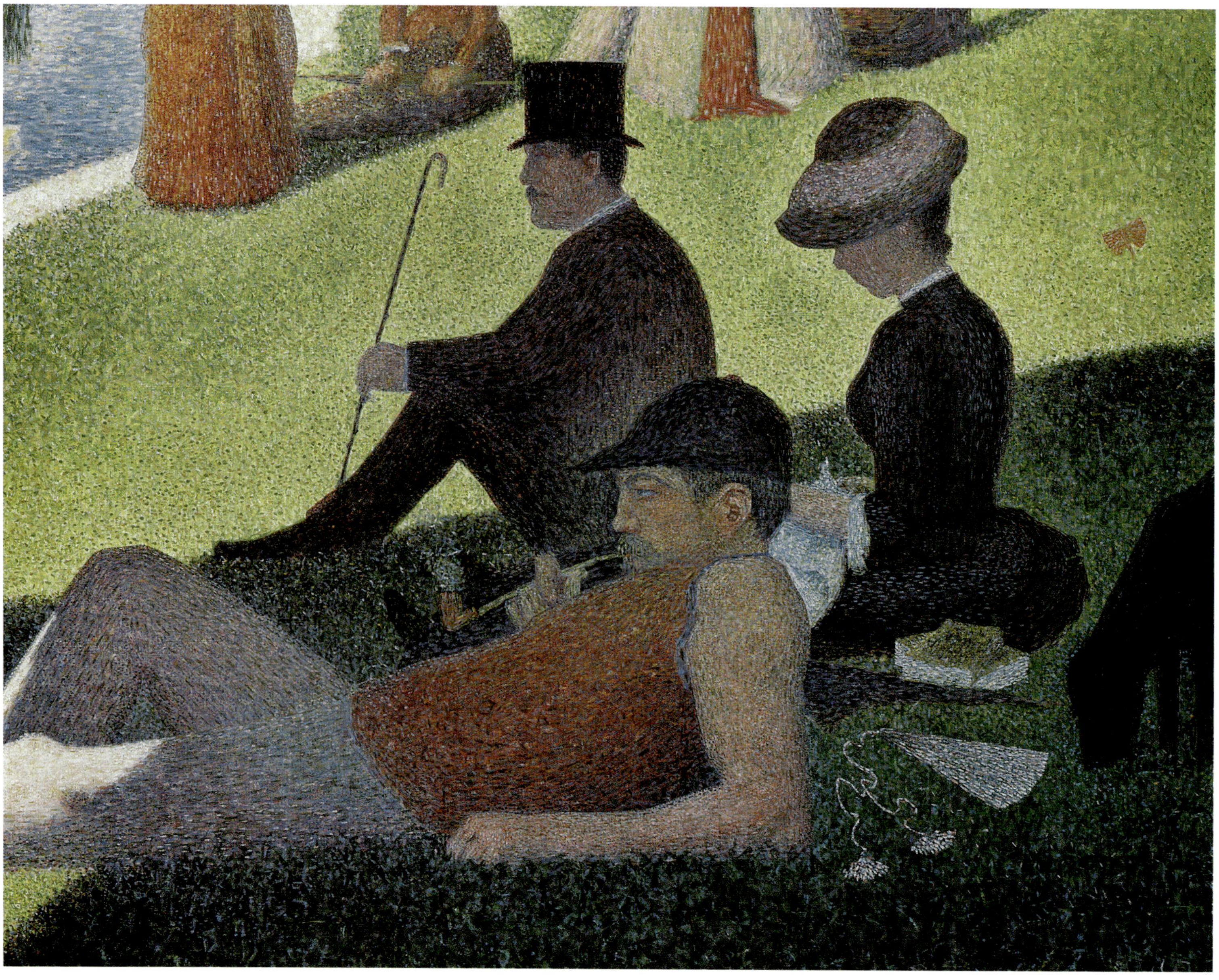

Cette technique mise au point à Grandcamp, Seurat l'utilisa ensuite sur son tableau déjà achevé de la *Grande Jatte*. Le procédé du peintre nous est expliqué par Fénéon : « Si dans *La Grande Jatte* de M. Seurat, l'on considère, par exemple, un décimètre carré couvert d'un ton uniforme, on trouvera sur chacun des centimètres de cette superficie, en une tourbillonnante cohue de menues macules, tous les éléments constitutifs du ton. Cette pelouse dans l'ombre : des touches, en majorité, donnent la valeur locale de l'herbe ; d'autres, orangées, se clairsèment, exprimant la peu sensible action solaire ; d'autres, de pourpre, font intervenir la complémentaire du vert ; un bleu cyan, provoqué par la proximité d'une nappe d'herbe au soleil, accumule ses criblures vers la ligne de démarcation et les raréfie progressivement en deçà. (...) Ces couleurs, isolées sur la toile, se recomposent sur la rétine : on a donc non un mélange de couleurs-matières (pigments), mais un mélange de couleurs-lumière. »

La méthode de Seurat peut par conséquent se décrire comme suit : le peintre divise la couleur propre à l'objet en ton local et en couleur de la lumière perçue en orange, comme on peut le constater aux petites taches jaune orangé dispersées dans tout le tableau. Les autres tons en sont dérivés en appliquant la loi du contraste simultané selon Chevreul. Chaque couleur perçue colore son environnement immédiat de sa couleur complémentaire. Un point jaune fixé avec intensité se borde d'un halo violet. Le vert fait naître le pourpre dans la surface avoisinante, le rouge un vert-bleu, le jaune un outremer, le violet un jaune-vert, l'orange un bleu cyan : le contraste des teintes. Une couleur claire semble encore plus claire et une couleur foncée encore plus foncée : le contraste des nuances lumineuses.

Par conséquent, l'orange de la lumière suscite le bleu dans la zone d'ombre, une veste rouge exige un vert-bleu en complément, le jaune fait naître le violet, etc. À cela viennent s'ajouter les « irradiations » exigées par la loi de Chevreul : quand un espace clair rencontre un espace sombre, des irradiations apparaissent dans la couleur complémentaire correspondante.

Les couleurs analysées par l'artiste et les modifications provoquées par la lumière sur les coloris des objets sont donc divisées en petits points séparés pour être ensuite recomposés dans l'œil sous forme de « mélange optique » et donner une grande luminosité. La théorie de Seurat reposait sur les expériences de Rood avec le disque de Maxwell. Avec ces expériences il essayait d'expliquer les avantages du mélange des lumières additif par rapport au mélange des pigments soustractif. Le mouvement rapide du disque en rotation qui incite l'œil à amalgamer les impressions lumineuses ne peut être comparé au mouvement de l'œil allant d'un espace vert à un espace rouge par exemple. Ainsi, il ne peut y avoir de mélange optique dans le tableau.

La rationalisation de la couleur commençait déjà sur la palette, outil particulièrement subjectif qui nous révèle beaucoup de choses sur le caractère du peintre. La palette de Seurat nous a été transmise (repr. p. 30) : elle montre dans la première rangée onze couleurs fondamentales excluant les couleurs de terre, en dessous des mélanges de ces couleurs avec du blanc et, dans la troisième rangée, des touches de blanc pures. Seules les couleurs voisines (ou analogues) peuvent êtres mélangées, et non pas les complémentaires par lesquelles la richesse des couleurs pourrait être brisée. Toutefois, les petits points de couleur souvent mélangés de blanc se fondent dans le tableau vu de loin et donnent l'impression qu'un voile grisâtre s'est déposé sur la toile. La technique du pointillisme ne produit tout son effet qu'en alternant la vue de loin et la vue de près. Ceci suscite une sorte de vibration des couleurs que Blanc avait décrite chez

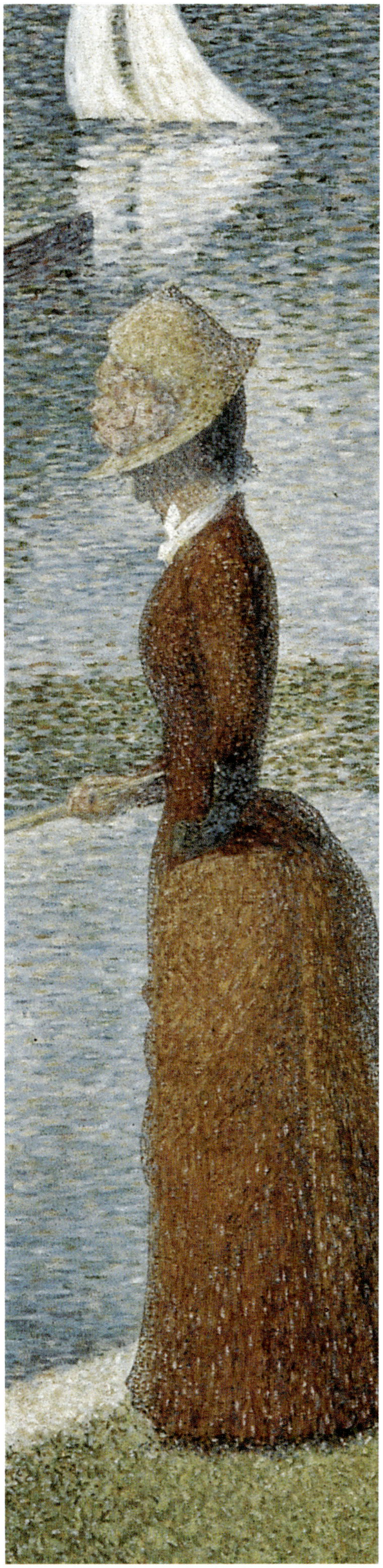

Delacroix et que Rood qualifiait de « lustre ». Cette technique picturale devait rendre le tableau encore plus lumineux et opposer à la peinture spontanée des impressionnistes un ordre des couleurs aux fondements scientifiques. Toutefois le divisionnisme ne présentait que l'avantage de différencier les couleurs avec finesse et de déposer un voile sur la composition. Seurat se méprit sur l'importance du mélange optique pour l'effet du tableau, en partant de fausses données de la psychologie expérimentale. L'effet vivant des couleurs complémentaires provient surtout de l'effet des contrastes simultanés qui s'opèrent entre les différentes excitations chromatiques.

Hormis Fénéon, d'autres peintres étaient si convaincus de cette technique du pointillage qu'ils l'employèrent pour tous les sujets possibles et imaginables. Signac faisait partie des adeptes les plus fervents. Il s'entendait bien avec Seurat et savait exposer clairement ses théories assez confuses au premier abord. Camille Pissarro (1830–1903) possédait lui aussi ce don. Sceptique au début, il devint ensuite un défenseur passionné du « néo-impressionnisme », baptisé ainsi par Fénéon, et interpréta à sa façon les théories complexes sur les couleurs. Son fils aîné Lucien Pissarro (1863–1944) devint également un pointilliste de talent. En 1886, Albert Dubois-Pillet (1846–1890) et E. G. Cavallo Peduzzi (1851–1918) rejoignirent eux aussi cette phalange d'artistes et en 1887, Maximilian Luce (1858–1941), Louis Hayet (1864–1940) et Charles Angrand (1854–1926) exposèrent les premières toiles pointillistes.

Le poète belge Émile Verhaeren fut si enthousiasmé par *Un dimanche à la Grande Jatte* qu'il présenta Seurat à ses amis, le peintre Theo van Rysselberghe (1862–1926) et l'avocat Octave Maus (1856–1919), chefs spirituels d'un cénacle d'artistes d'avant-garde dénommés « Les Vingt ». En 1887, à l'occasion de leur exposition de printemps, ils invitèrent Seurat à montrer encore une fois son tableau *Un dimanche à la Grande Jatte*, ce qui suscita de nouvelles adhésions au pointillisme en Belgique. L'influence de Seurat grandissait également de plus en plus à Paris. En 1886, il exposa au Salon d'été des indépendants

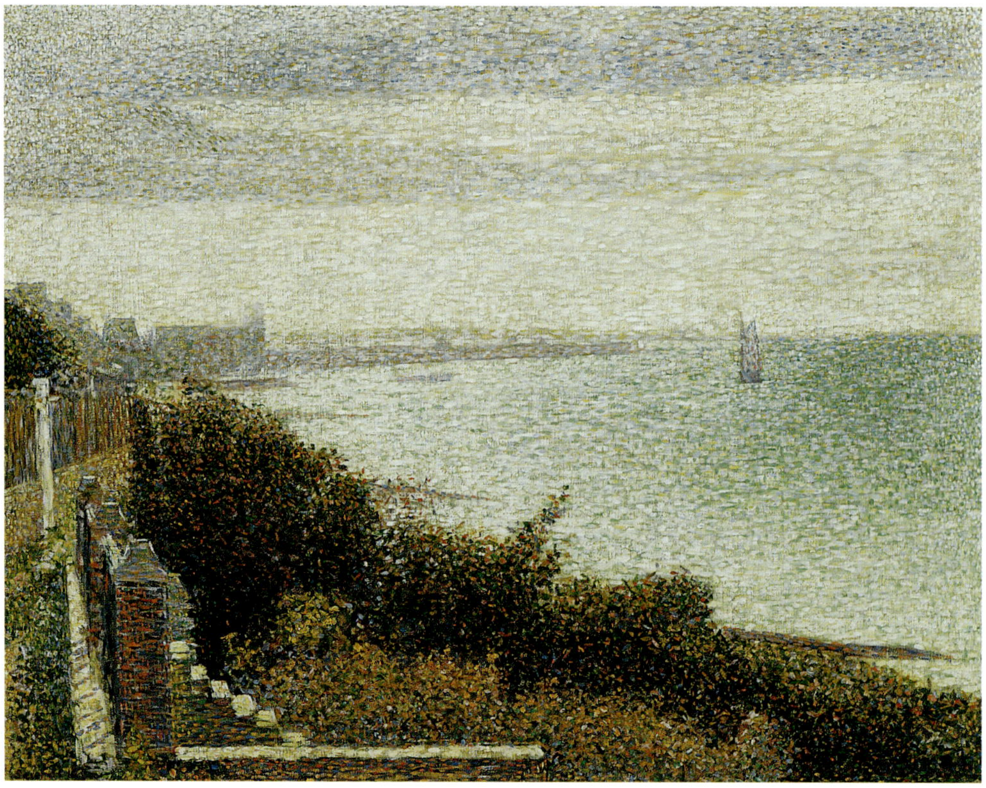

La Manche à Grandcamp, 1885
Huile sur toile, 66,2 x 82,4 cm
New York, The Museum of Modern Art
Estate of John Hay Whitney

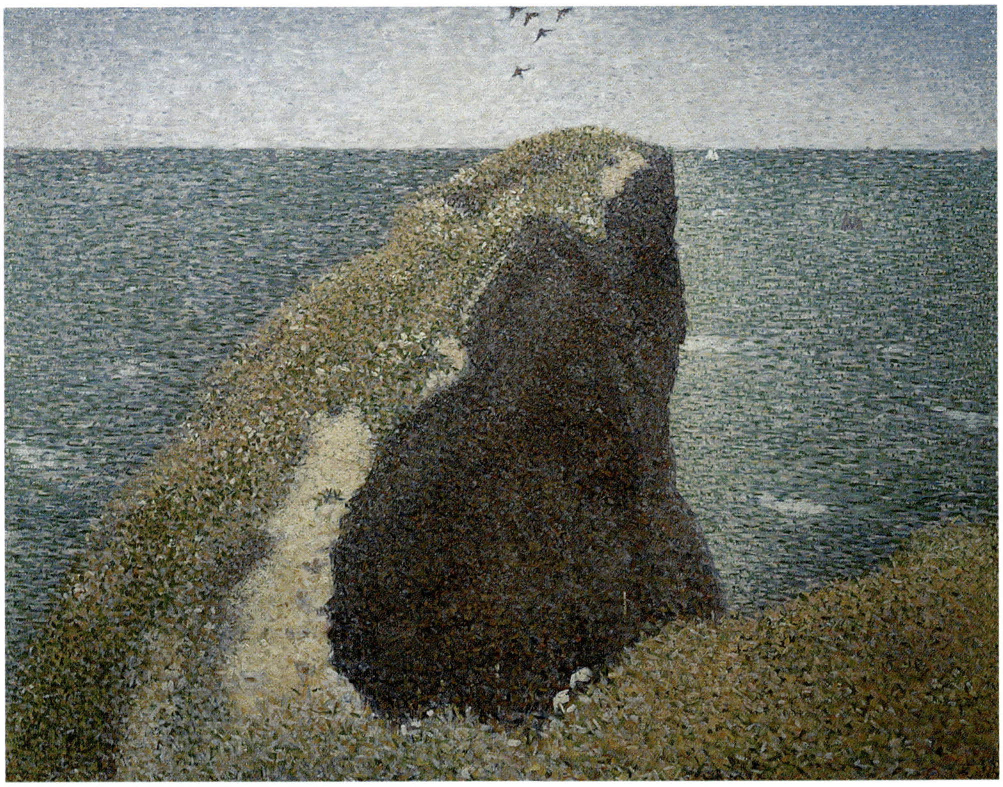

Le Bec du Hoc, Grandcamp, 1885
Huile sur toile, 64,8 x 81,6 cm
Londres, The Tate Gallery

Un dimanche à la Grande Jatte avec des marines exécutées à Grandcamp et Honfleur.

C'est en regardant deux tableaux de paysages fluviaux que l'on constate à quel point Seurat maîtrisait la nouvelle technique. *Le Pont de Courbevoie* (repr. p. 49) représente une journée nuageuse sur les bords de la Seine dont l'atmosphère est rendue grâce à une merveilleuse harmonie des couleurs et des touches très fines. La composition faite de verticales et d'horizontales apporte un rythme contrapuntique au scintillement des petits points. Le deuxième tableau (repr. p. 48) se réfère au niveau du motif au *Dimanche à la Grande Jatte*. Sans avoir recours à la rigidité de son chef-d'œuvre, Seurat parvient ici à rendre avec beaucoup de poésie la chaleur et la luminosité d'une journée de printemps par le moyen d'une touche légère et moins systématique.

Du jour au lendemain, Seurat se retrouva au centre des avant-gardistes avec son tableau *Un dimanche à la Grande Jatte*. À une époque où s'affrontaient deux courants d'idées, le positivisme matérialiste et le symbolisme mystique, la toile de Seurat attirait autant l'attention par ce qu'elle était ouverte à de nombreuses projections, et le demeure encore aujourd'hui.

C'est un contemporain du peintre qui a fait la première lecture marxiste de l'œuvre de Seurat. En 1891, après la mort du peintre, Paul Signac écrivait dans la revue anarchiste *La Révolte* que Seurat avait fait preuve d'une réelle compréhension de cette période de transition, et que son œuvre témoignait des conflits sociaux qui opposaient les ouvriers et le capital.

Si l'on considère *Un dimanche à la Grande Jatte* comme le pendant d'*Une baignade, Asnières*, comme c'était apparemment le dessein de Seurat, on peut alors parfaitement concevoir les deux tableaux comme une étude de la société, des tableaux historiques modernes brossant un portrait ironique et bienveillant de la société parisienne de 1886 dans différentes situations. Cette interprétation donnerait tout son sens à la remarque de Seurat à Gustave Kahn, quand il disait qu'il voulait faire ambuler comme sur les frises des Panathénées les modernes,

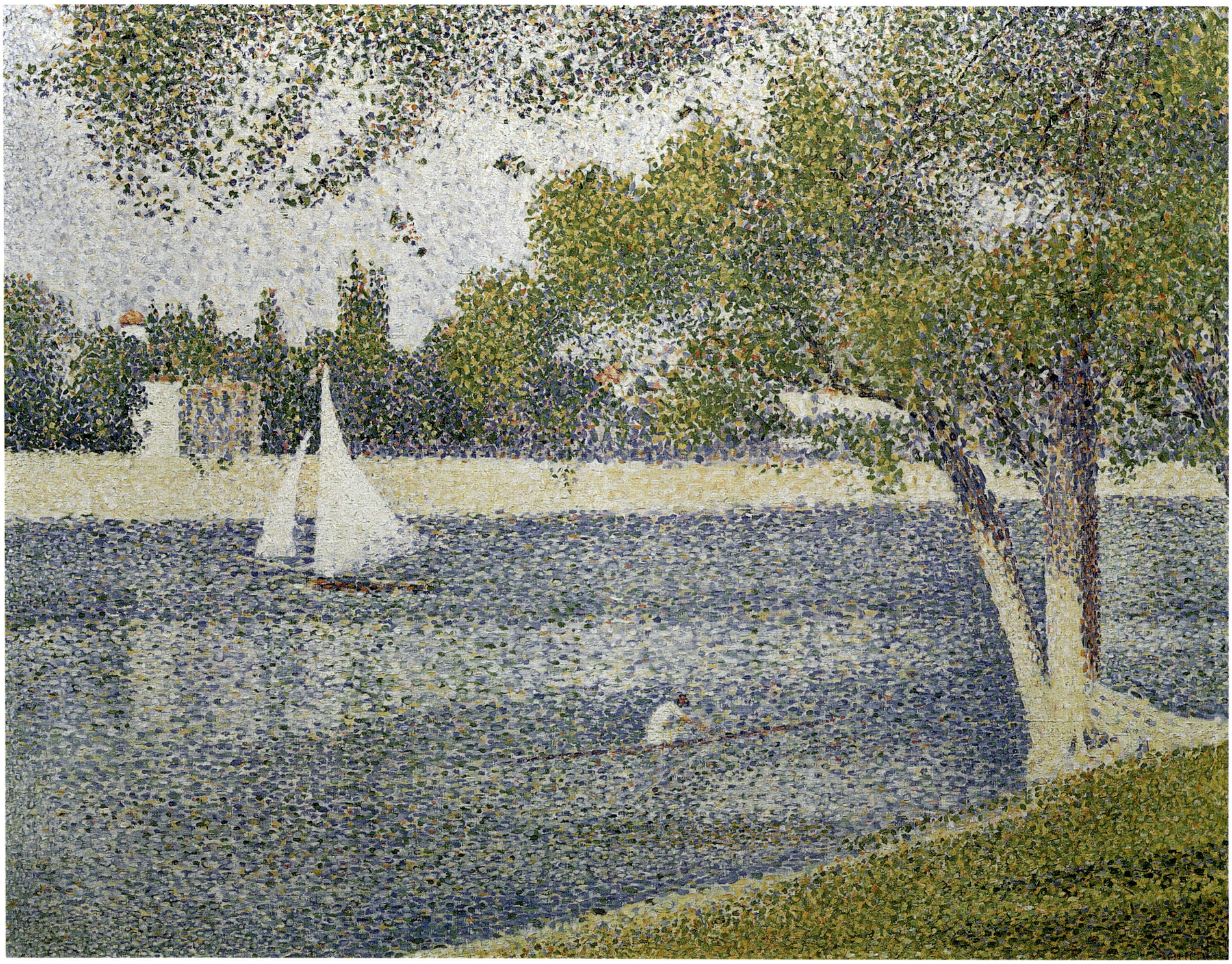

La Seine à la Grande Jatte, printemps, vers 1887
Huile sur toile, 65 x 81 cm
Bruxelles, Musées royaux des Beaux-Arts de Belgique

en ce qu'ils ont d'essentiel. Seurat avait donc bien l'intention de créer un panorama de son époque réunissant la lumière et l'ombre, pauvres et riches, le bien et le mal dans une grande composition et conformément aux recherches scientifiques de son temps.

Que l'on veuille juger le tableau énigmatique et figé comme une « allégorie anti-utopique » critiquant la société, en inversion du « principe d'espoir » de Bloch, ou que l'on veuille y voir en restant plus neutre « un trait de la société contemporaine » (Kahn), qu'on le considère comme une application presque parfaite de la théorie des couleurs (Fénéon) ou comme le recouvrement de la composition classique (Moréas), cela sera toujours une question de perspective. Quoi qu'il en soit, *Un dimanche à la Grande Jatte* demeurera toujours ce qu'il fut pour les défenseurs de Seurat : un chef-d'œuvre tant sur le plan technique qu'intellectuel.

Malgré le « succès scandaleux » de la *Grande Jatte*, le tableau resta longtemps en possession de la famille Seurat, même si la mère du peintre aurait bien aimé le confier à un musée. Ce n'est que neuf ans après la mort de Seurat que Signac put s'occuper de l'immense tableau en organisant une vente aux enchères. Alors que les dessins sans cadre étaient vendus au prix de 10 francs (100 francs avec le cadre), le grand tableau fut acheté pour 800 francs par un bourgeois parisien. Il fut ensuite proposé à la direction du Metropolitan Museum de New York qui refusa toutefois d'en faire l'acquisition.

En 1924, Frederic Clay Bartlett, collectionneur de Chicago, fit preuve de plus de courage et de clairvoyance en l'achetant à Paris pour 20 000 dollars. Peu de temps après, il en fit don à l'Art Institute de Chicago où il est aujourd'hui présenté au grand public et aux connaisseurs du monde entier comme l'une des œuvres clés de l'art moderne. En 1931, un consortium français offrit en vain la coquette somme de 400 000 dollars pour le racheter.

Le Pont de Courbevoie, vers 1887
Huile sur toile, 46,4 x 55,3 cm
Londres, Courtauld Gallery

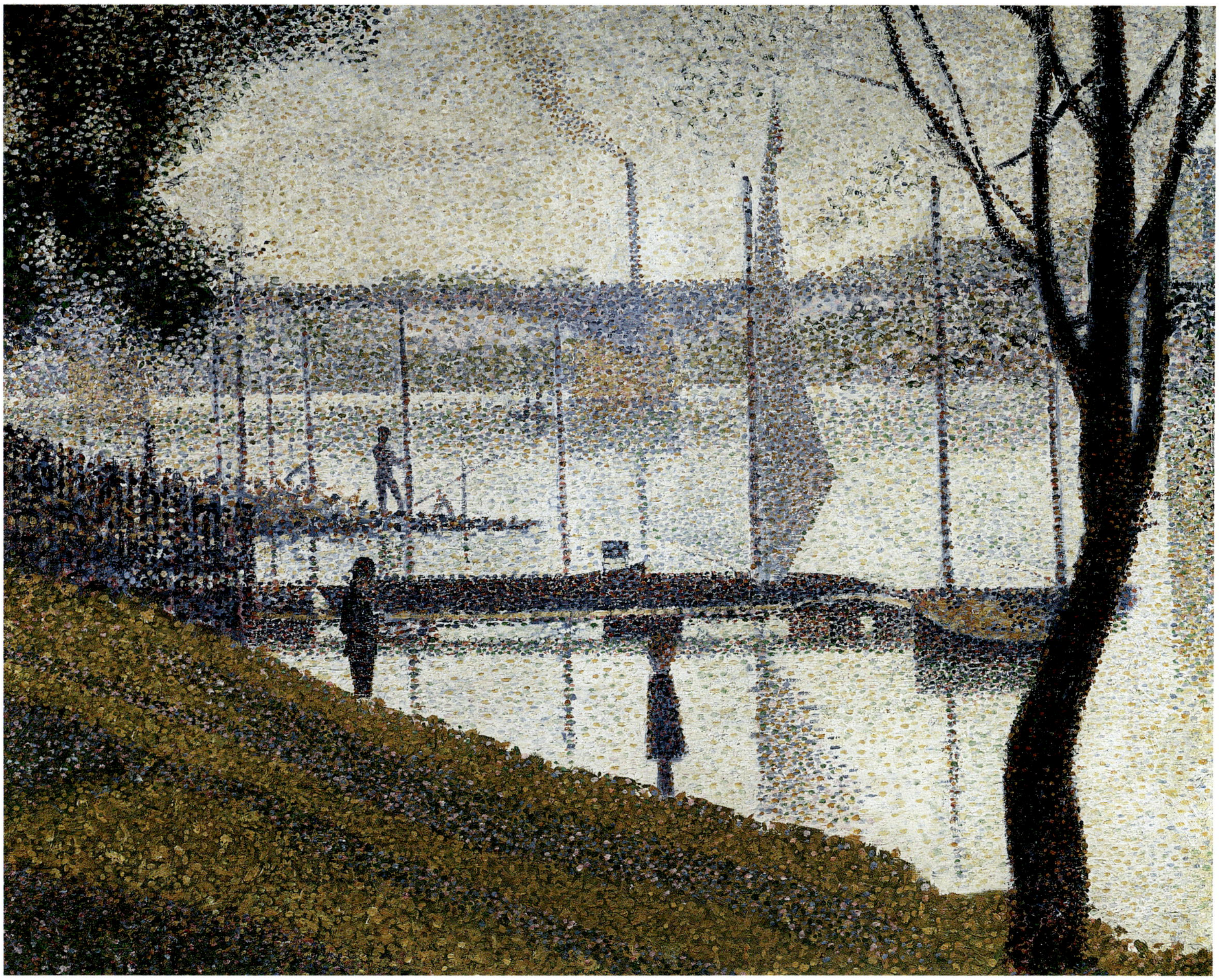

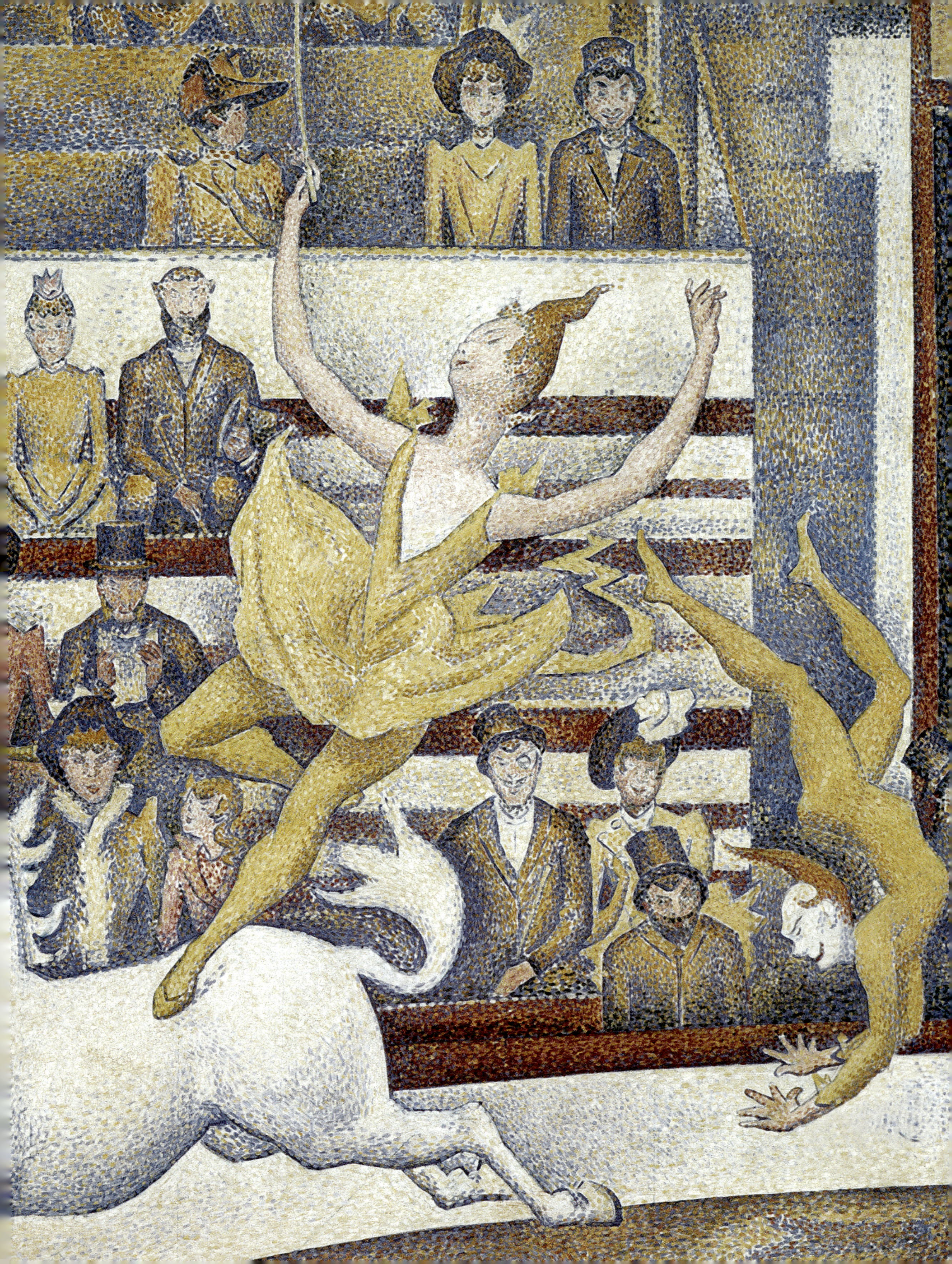

La Vie parisienne : nus, variétés et cirque

Si *Un dimanche à la Grande Jatte* fit connaître Seurat, il le plaça aussi dans le champ de mire de la critique qui tira sur lui à boulets rouges. Tandis que certains artistes considéraient le système rigide du pointillage comme une nouvelle voie pour sortir de l'impasse impressionniste et commençaient à travailler selon cette méthode, d'autres la critiquaient violemment, affirmant qu'elle ne pouvait s'employer que dans les paysages. Leurs attaques visaient surtout les personnages figés d'*Un dimanche à la Grande Jatte* non pas jugés comme faisant partie du style de l'artiste, mais témoignant selon eux de son incapacité technique. Seurat riposta peu de temps après avec *Les Poseuses*, un grand tableau de figures dans lequel il reprit de façon insolite le thème classique des trois Grâces (repr. p. 52, 53).

Naturellement, cette toile fut elle aussi précédée d'études, d'esquisses et de dessins. Trois panneaux montrent les différents modèles du peintre (repr. p. 54, 55, 69) et une étude a été effectuée pour l'ensemble de la composition. Tandis que le tableau fut accueilli avec réserves, les études furent toujours considérées comme des chefs-d'œuvre. Il émane de ces petits croquetons au fin pointillage une grâce que certains critiques contemporains comparèrent à Ingres. Il est vrai que Seurat avait été formé dans le style d'Ingres et qu´il avait étudié le dessin de nus académiques lors de son passage aux Beaux-Arts. Le spectateur initié remarquait tout de suite des ressemblances avec les tableaux d'Ingres comme la célèbre *Baigneuse de Valpinçon* (1808 ; Paris, Musée du Louvre) ou *La Source* (1856 ; Paris, Musée d'Orsay). Dans la tradition académique, le thème des trois Grâces, dont la représentation hellénique venait d'entrer dans la collection du Louvre, donnait l'occasion à l'artiste de prouver son talent de dessinateur.

Les représentations de baigneuses, de nymphes, de l'Arcadie, de saisons et d'autres figures féminines allégoriques étaient donc particulièrement prisées dans la peinture officielle des années 1880. Même des peintres de l'avant-garde, comme Cézanne et Renoir, s'étaient penchés sur ce thème. Ces deux artistes avaient renoué consciemment avec la tradition académique de la composition des figures dans le dessein de la faire revivre. Mais tandis qu'ils peignent leurs nus dans un paysage, Seurat, lui, renonce à un décor idyllique pour placer ses modèles totalement dénués d'érotisme dans le cadre prosaïque de l'atelier. Suivant l'exemple académique, Seurat représente un nu vu de dos, un nu debout et un nu assis de profil.

Les jeunes modèles ont l'air perdues dans leurs pensées, elles semblent très loin l'une de l'autre dans cette pièce que le tableau monumental *Un dimanche à la Grande Jatte* accroché au mur , à gauche, désigne comme étant l'atelier du peintre. En opposant des figures habillées et des personnages dévêtus, Seurat

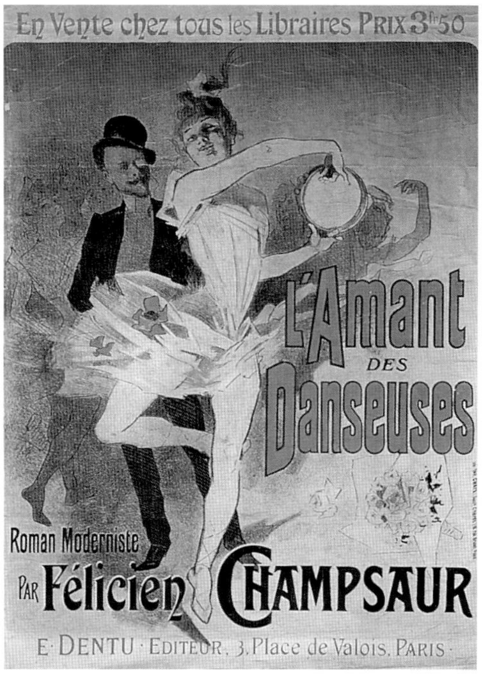

Jules Chéret
Affiche pour un roman de Félicien Champsaur, « L'Amant des danseuses », 1888, Lithographie en couleur

PAGE 50 :
Le Cirque (détail), 1890–1891
Huile sur toile, 185,5 x 152,5 cm
Paris, Musée d'Orsay

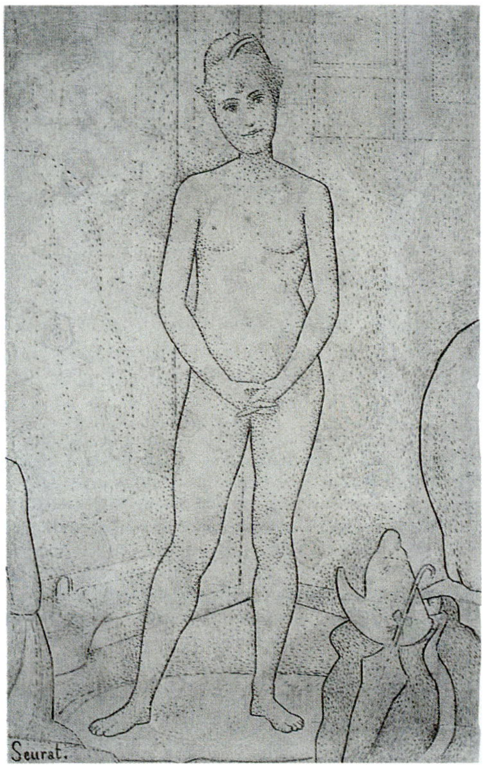

Poseuse debout, vers 1887
Dessin à la plume, 25 x 15,5 cm
Washington D. C., National Gallery

voulait-il montrer à la critique que son style pouvait aussi s'employer dans la représentation de nus ?

Encore plus subtile que dans *Un dimanche à la Grande Jatte*, la technique des *Poseuses* semble dans l'ensemble plus naturaliste. Pourtant, ce fut précisément sa finesse que l'on critiqua parce que, disait-on, elle attirait trop le regard sur la facture du tableau. C'est peut-être à cause de ces reproches que Seurat en peignit une seconde version dans laquelle il appliqua la technique pointilliste avec encore plus de légèreté et de couleurs (repr. ci-dessous).

Pour le peintre toutefois, il ne s'agissait pas seulement d'épurer la méthode de la petite touche. Il voulait prouver à la critique avec le contraste entre *Un dimanche à la Grande Jatte* et *Les Poseuses* que les différences d'exécution n'étaient pas uniquement dues à l'évolution personnelle de l'artiste, mais qu'elles étaient surtout une question de style. Seurat avait déjà expérimenté l'effet des couleurs et l'attitude des modèles dans des croquetons. Contrairement à *Un dimanche à la Grande Jatte*, les couleurs sont atténuées et présentent un grand nombre de nuances qui confèrent au tableau vu de loin ce voile gris critiqué par Signac. L'effet d'auréole est plus raffiné et on remarque par exemple dans la *Poseuse debout* (repr. ci-contre) une deuxième auréole en couleurs complémentaires autour des contours.

Ce qui saute également aux yeux, c'est le cadre peint de l'étude, une innovation apparaissant aussi dans le grand tableau, dont le cadre fut malheureusement détruit par la suite. Dans *Un dimanche à la Grande Jatte,* Seurat avait repris le cadre blanc des impressionnistes, qui remplaçait à l'époque le cadre doré du Salon mais ne satisfaisait pas les néo-impressionnistes. Dans la première version des *Poseuses*, conservée aujourd'hui à la Barnes Foundation en Pennsylvanie (repr. p. 53), l'artiste recouvrit le cadre blanc ici et là de couleurs complémentaires à celles de la toile. Par ailleurs, des bordures peintes à l'intérieur du tableau apparaissent dans l'étude pour la *Poseuse de profil* (repr. p. 54) et dans l'étude pour la composition d'ensemble. On les retrouvera dès lors dans tous les

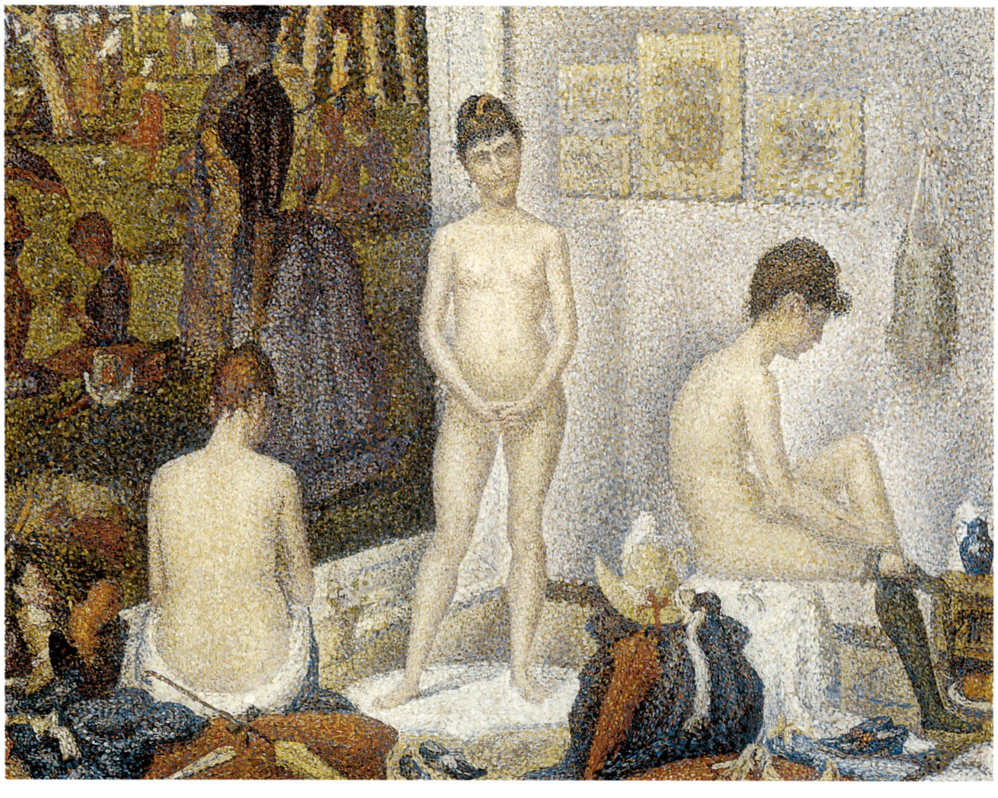

Les Poseuses (2e version), 1888
Huile sur toile, 39,5 x 49 cm
Collection particulière

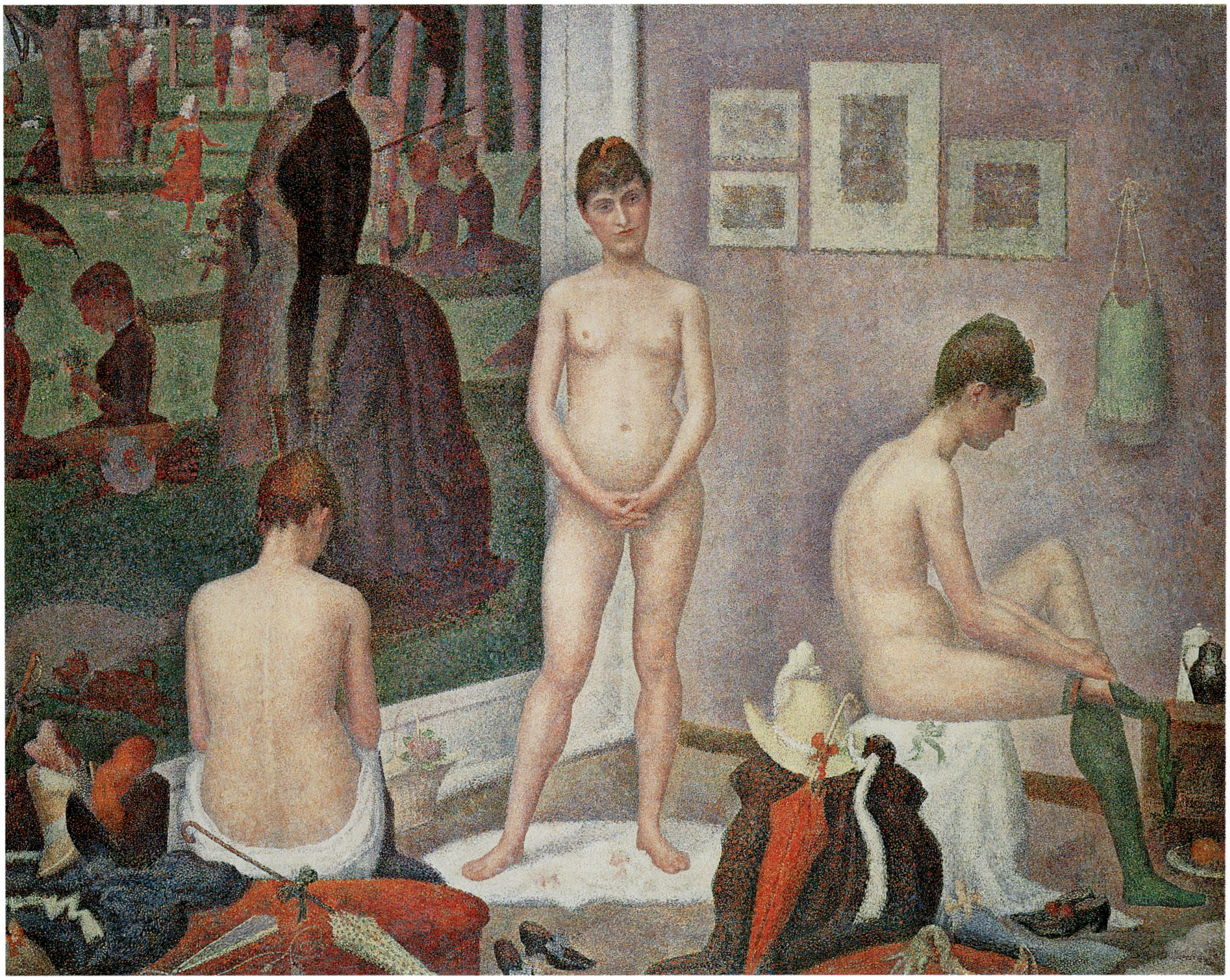

grands tableaux de Seurat. En délimitant le motif, elles donnent l'impression que le cadre commence sur la toile.

Outre le contraste bien visible entre le style réduit des figures d'*Un dimanche à la Grande Jatte* (repr. p. 42, 43) et les contours fluides des *Poseuses* (repr. p. 53), les deux tableaux présentent également des différences au niveau de leur composition. Dans le premier, l'espace était rendu par plusieurs plans picturaux en relief. Dans le second, les nus sont placés dans une « boîte » dont l'arête avant est dissimulée au regard. Si l'on compare la taille des trois figures, on s'aperçoit qu'elles n'ont pas été placées en relation les unes avec les autres selon les lois de la perspective mais selon un concept d'ensemble. Les vêtements et les objets posés à terre s'insèrent dans le concept spatial et ouvrent l'espace pictural par leur agencement en diagonale.

Dans l'ensemble, la petite version (repr. p. 52) présente des couleurs plus vives. Les touches sont plus grosses et apposées avec plus d'irrégularité, ce qui procure une impression de plus grande animation que dans la première version. Elle a d'abord été peinte en ocre avant d'être mouchetée. Les touches de grosseur différente ont été appliquées sur cette surface unie qui évoque le fond en bois des croquetons. Le rouge-violet, qui uniformise la tonalité du tableau et apparaît de façon accrue à l'arrière-plan, est la teinte dominante de l'œuvre.

Les Poseuses, 1886–1888
Huile sur toile, 200 x 250 cm
Merion, PA, The Barnes Foundation

PAGE 54 :
Poseuse de profil, vers 1887
Huile sur bois, 25 x 16 cm
Paris, Musée d'Orsay

PAGE 55 :
Poseuse de dos, 1887
Huile sur bois, 24,5 x 15,5 cm
Paris, Musée d'Orsay

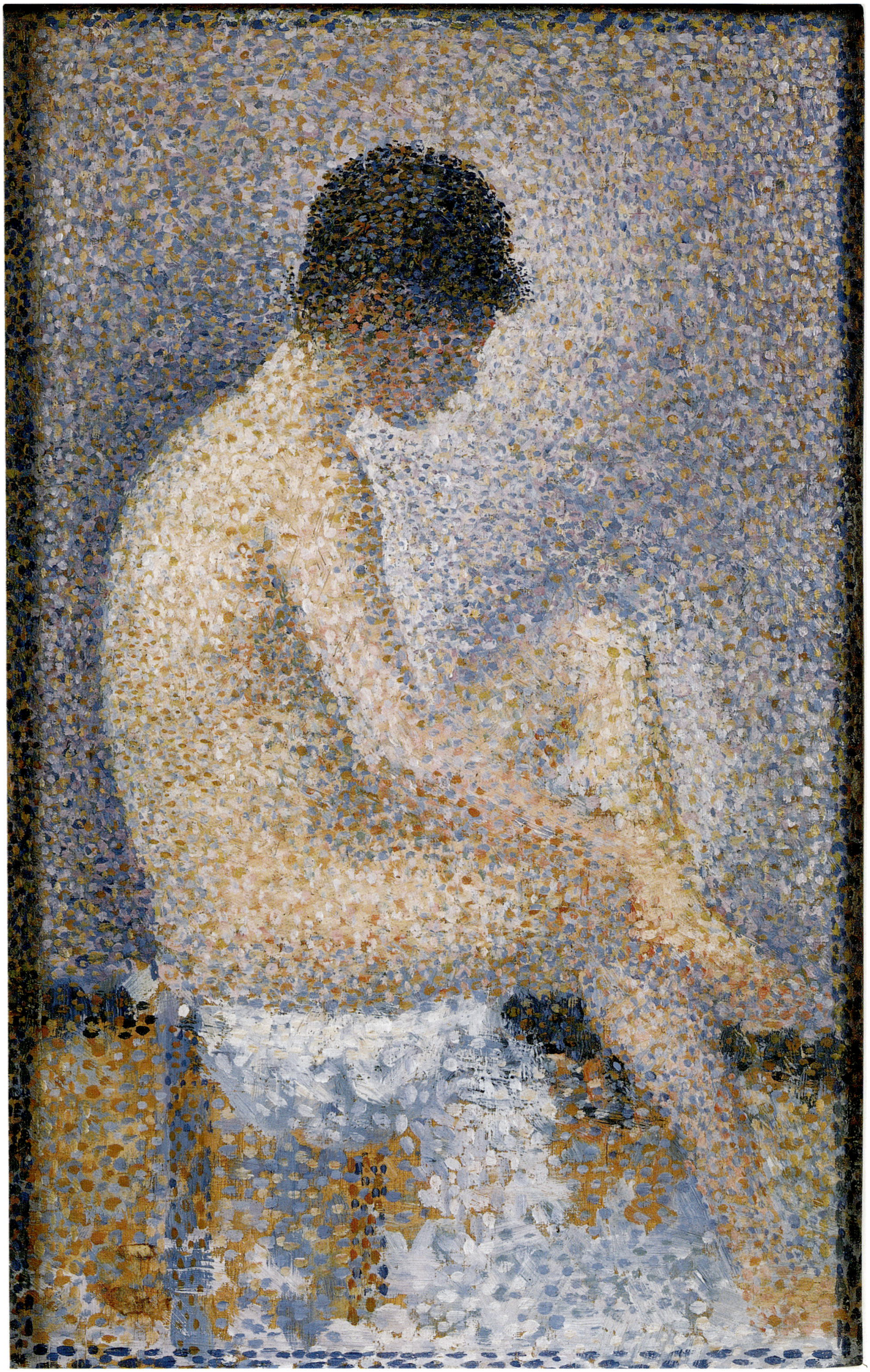

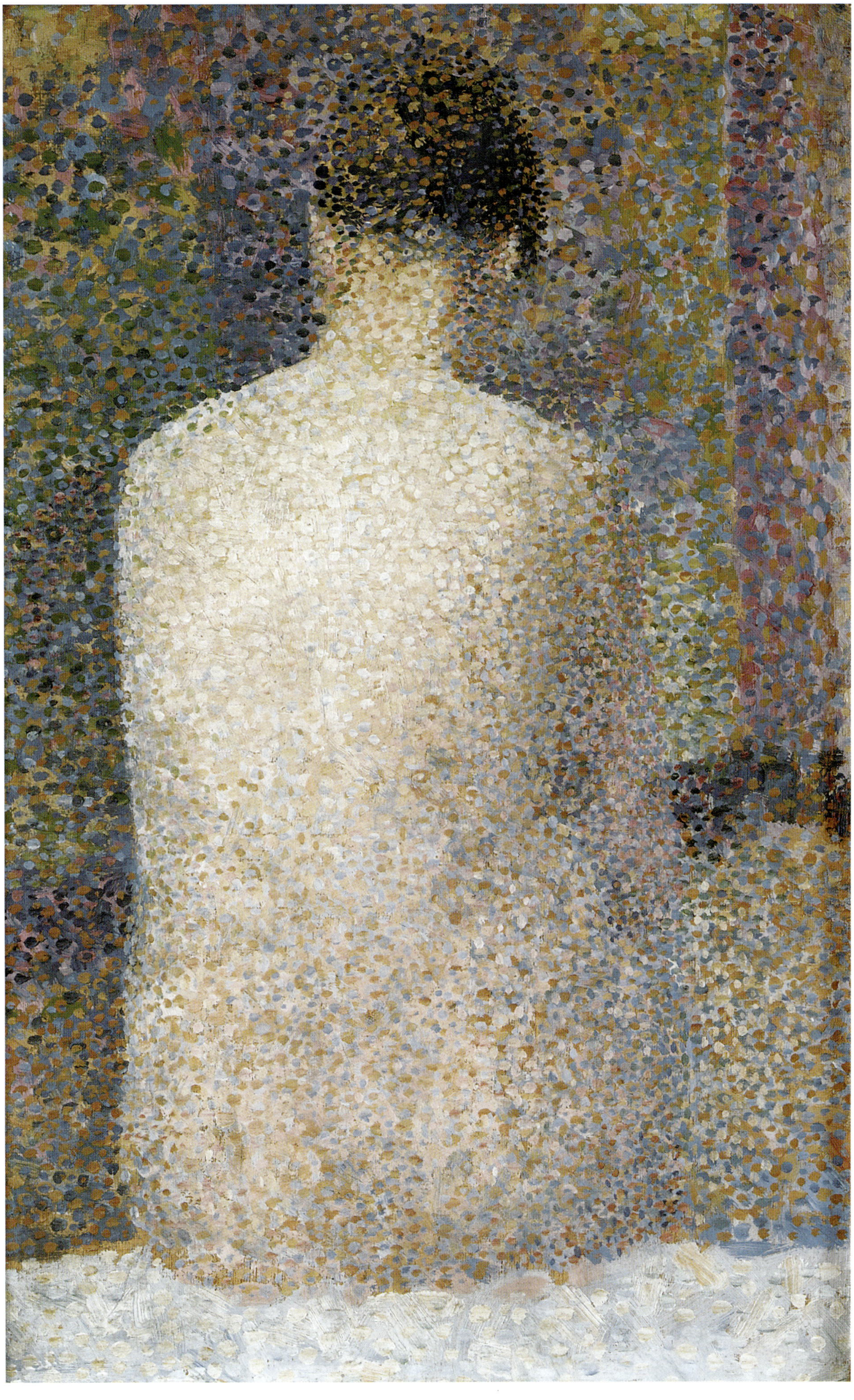

Apparemment, Seurat a indiqué la lumière de l'atelier avec ce coloris auquel il a ajouté en complément des touches oranges et jaunes. Les contrastes soigneusement assortis de l'arrière-plan sont accentués par le chromatisme intense des objets alignés au premier rang qui créent un effet de profondeur pour les figures aux tons plus atténués.

Seurat s'est attaqué une seule fois à un grand portrait. Il s'agit de *Jeune Femme se poudrant* (repr. p. 57) qui représente sa maîtresse, Madeleine Knobloch, que Seurat avait rencontrée au printemps 1889. Bien que le portrait ait été peint avec une technique pointilliste tout aussi soignée que celle des *Poseuses*, la jeune femme serrée dans un corset trop étroit et armée d'une houppette semble être la gentille caricature d'une femme se retrouvant par hasard dans un milieu qui lui est étranger. Cette impression est encore accentuée par l'élégante petite table de maquillage et par le miroir accroché au mur. À l'origine, celui-ci devait refléter le portrait de Seurat qui, sur les conseils d'un ami, le remplaça finalement par des fleurs arrangées. Le tourbillon des spirales de couleur confère au tableau un mouvement que vient renforcer le motif en pattes d'oie du papier peint. Ce mouvement montre l'influence sur Seurat de la théorie de Charles Henry selon laquelle une rotation de gauche à droite exprime la joie, une impression à laquelle contribuent également les couleurs de la toile. La carnation de la jeune femme, la jupe, les fleurs et la houppette présentent des rouges et des jaunes rehaussés de blanc ainsi que des ombres bleutées que vient contraster le bleu cyané de l'arrière-plan. Le même contraste, mais un peu plus foncé, est repris avec le corset bleu-violet et la table brun doré. Le tableau est limité dans sa partie supérieure par un arc aplati qui, selon l'esthétique de Seurat, doit contrebalancer les lignes ascendantes.

Seurat n'avait certainement pas l'intention de se moquer de sa bien-aimée dans ce portrait qu'il exposa à Paris en 1890. Avec cette ironie subtile qui le caractérisait, il attire toutefois l'attention sur les contraintes imposées aux femmes par la bourgeoisie, sur le fossé existant entre la coquetterie exigée par la société et la beauté naturelle symbolisée peut-être par les fleurs.

Tandis qu'en été Seurat travaillait à ses marines, en hiver il se consacrait à ses « toiles de lutte » dans lesquelles il mettait toute son ambition. Outre *Les Poseuses*, il réalisa une autre action d'éclat avec *La Parade de cirque*. Les deux tableaux furent exposés au Salon des indépendants en mars 1888.

La Parade de cirque (repr. p. 60–61) est le tableau le plus sombre et le plus énigmatique de Seurat, et ce pas seulement en raison de la lumière artificielle qui lui donna l'occasion de placer de remarquables halos complémentaires dans la lueur de l'éclairage à gaz.

La scène se déroule devant le cirque Corvi qui s'était installé depuis avril 1887 dans l'enceinte de la foire au pain d'épice au Bois de Vincennes, près de la place de la Nation. Seurat, visiteur assidu du cirque et d'autres lieux d'amusement, ne représente pas une parade, mais l'annonce du programme par le directeur en personne. Celui-ci est accompagné par une fanfare dont les musiciens sont alignés derrière un pupitre et par un joueur de trombone déguisé en clown et se tenant sur une estrade. Tout en bas, on distingue les spectateurs qui attendent qu'on les fasse entrer et dont quelques-uns commencent à gravir les marches menant à la caisse.

Seurat a réalisé ici une composition extrêmement rigoureuse qui s'oppose à dessein au style naturaliste des *Poseuses*. Cette rigueur se constate non seulement dans l'alignement en frise des figures, mais aussi par le biais de nombreux éléments formels : le pupitre se termine au bas de la veste du joueur de trombo-

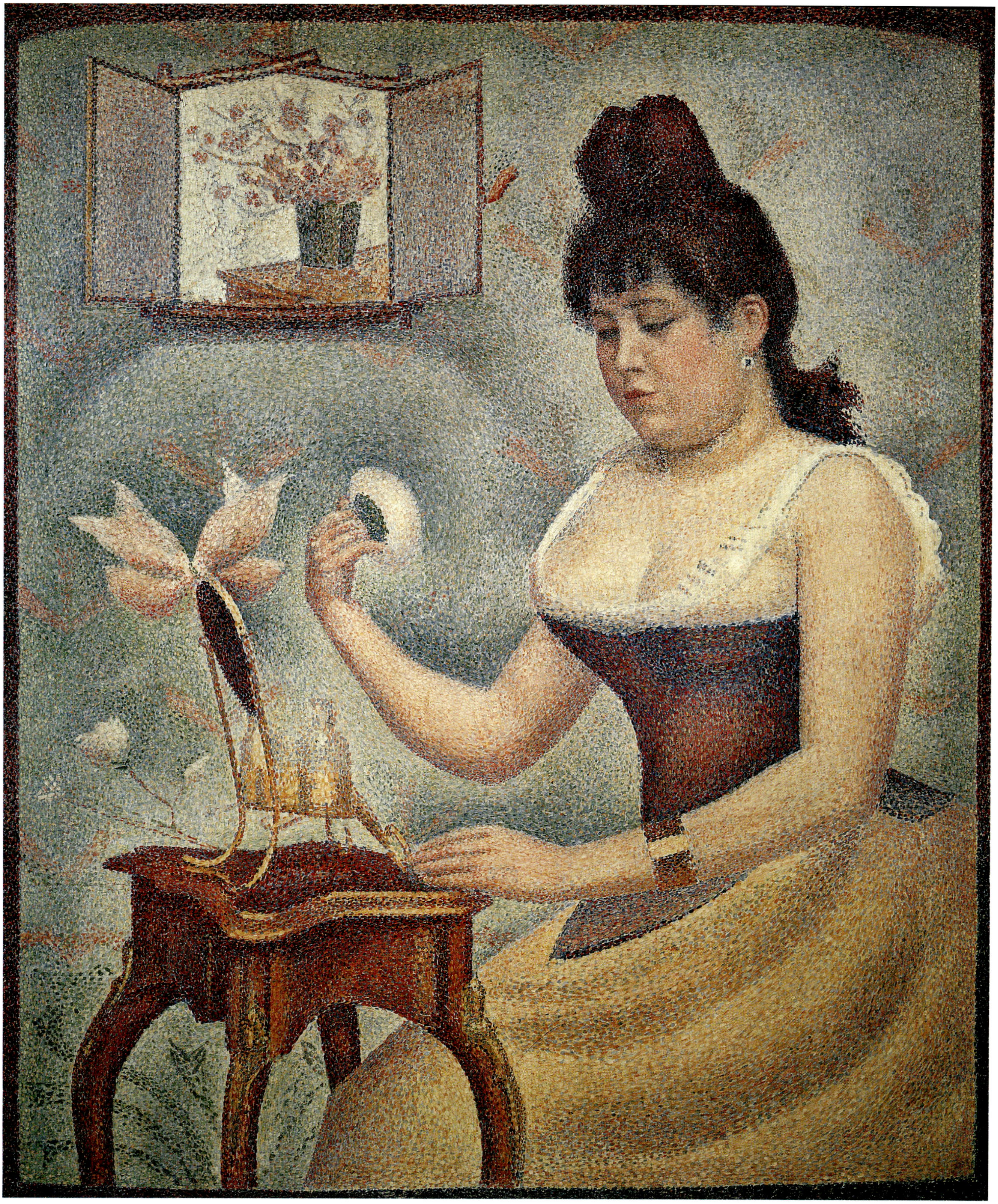

Jeune femme se poudrant ou ***La Poudreuse***,
vers 1888–1890
Huile sur toile, 95,5 x 79,5 cm
Londres, Courtauld Gallery

ne, la balustrade à la hauteur de ses genoux. Les fenêtres de la caisse sont régulièrement compartimentées avec en leur milieu une lampe à gaz. Le personnage près du directeur de cirque et du joueur de trombone marque le nombre d'or.

En mathématiques, le nombre d'or (ou section dorée) désigne dans le partage d'une composition en deux parties le rapport entre la plus grande des deux parties et la plus petite, égal entre le tout et la plus grande. L'application de ce rapport dans les beaux-arts remonte à l'Antiquité où l'on pensait que le cosmos était fondé sur des principes mathématiques. En peinture et en architecture, l'utilisation du nombre d'or devait par conséquent exprimer des formules d'harmonie universelles.

Dans *La Parade de cirque*, on peut découvrir beaucoup de lignes qui divisent le tableau selon le rapport numérique antique (3:5, 5:8, 8:13, 13:21, etc.), par exemple les horizontales du pupitre. Si l'on soustrait la hauteur des lampes à gaz de la hauteur du tableau, on obtient un rapport hauteur/largeur conforme au nombre d'or. La rythmicité de la surface picturale est accentuée en outre par un agencement spatial rigide. La spatialité n'est indiquée que par des plans en relief et des contrastes de clair-obscur. Ce « style égyptien », comme l'appelaient ses contemporains, Seurat l'a déjà employé dans *Un dimanche à la Grande Jatte*, mais de façon moins radicale.

L'élaboration de cette composition rigoureuse fut précédée elle aussi d'études préliminaires et de dessins au crayon, dont le *Joueur de trombone* (repr. p. 59) qui compte parmi les plus beaux. Si cette étude est encore réalisée dans le style granuleux déjà vu, une étude pour la composition complète est effectuée de manière pointilliste. Toutefois, Seurat appliquait rarement cette technique dans ses dessins. Une étude à l'huile pour *La Parade de cirque* (repr. p. 58) présente sur un fond ocre quelques tonalités légèrement esquissées.

Étude pour ***La Parade de cirque***, 1887–1888
Huile sur bois, 16 x 26 cm
Zurich, collection E. G. Bührle

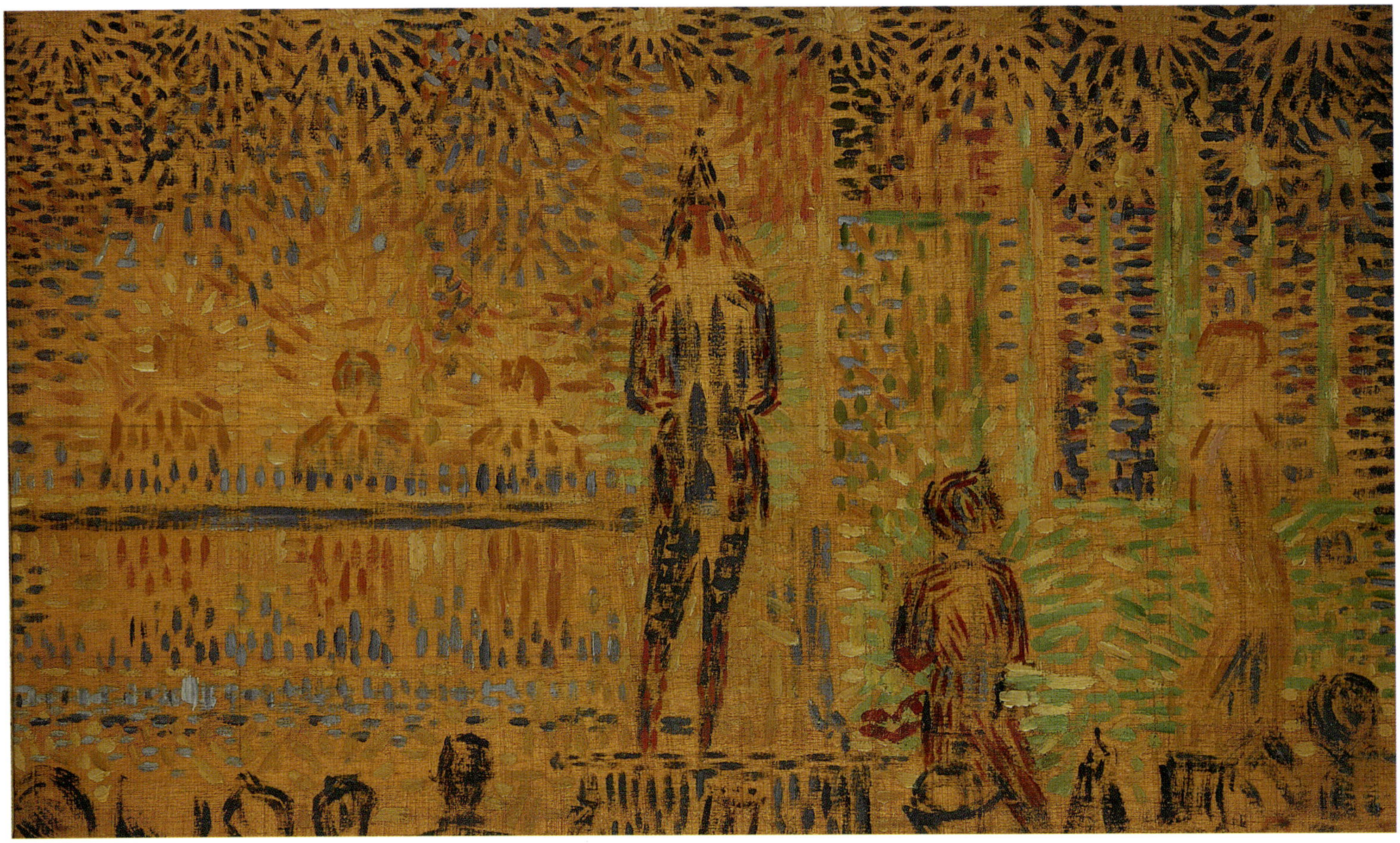

Tout comme la composition, le chromatisme du tableau est élaboré avec soin. L'éclairage au gaz donne l'occasion à l'artiste de créer une lumière diffuse, les couleurs locales étant atténuées et les petites touches communiquant une atmosphère pleine de lumière. Les coloris sont chatoyants et oscillent entre le violet et le vert-jaune ainsi qu'entre l'orange et le bleu. La fine répartition des touches entrave toutefois l'équilibre des complémentaires et produit une atmosphère grisâtre évoquant un soir d'hiver. L´impression générale qui se dégage de cette scène est renforcée par le fait que Seurat reprend certains principes formels du jeune scientifique Charles Henry (1859–1926).

Ami de Gustave Kahn et de Jules Laforgue (1860–1887), Henry avait publié en 1885 une *Esthétique scientifique* dans laquelle il cherchait à faire dériver une formule générale de l'harmonie à partir de la combinaison de lois mathématiques, physiologiques et esthétiques. Seurat fit la connaissance d'Henry grâce à Félix Fénéon et assista régulièrement à ses conférences données à la Sorbonne. Intéressant vivement les artistes à la fin des années 1880, les théories d'Henry fascinaient Seurat en quête de lois picturales.

La théorie d'Henry a pour fondement la réduction des sentiments à deux sensations, la joie et la douleur, et leur réinterprétation en tant que « dynamogénie » (principe créateur d'énergie) et « inhibition » (principe contraire). À partir de là, il développa la théorie de la symbolique des directions et des lignes. Il découvrit ainsi que des lignes ascendantes allant de droite à gauche expriment la joie. En revanche, la douleur et la tristesse sont associées à un mouvement descendant ou un mouvement de gauche à droite. Le rouge et le jaune, ainsi que leurs mélanges, passent pour tonifiants, donc dynamogènes, tandis que les couleurs froides comme le vert, le violet et le bleu ont une action inhibitrice. Henry représenta ces principes dans un cercle chromatique où il faisait correspondre les couleurs stimulantes aux directions stimulantes, et les couleurs inhibitives aux directions inhibitives, tout en tenant compte de la loi des contrastes et de la longueur d'onde des différentes couleurs (repr. p. 30). Le rouge, la couleur la plus dynamogène se trouve en haut, face au vert-bleu, couleur complémentaire inhibitive. Conformément à cela, la symbolique des lignes est appliquée au schéma du disque.

Seurat avait déjà appris de Blanc une théorie comparable, à savoir la théorie de l'an 1827 de la valeur expressive abstraite de Humbert de Supperville (1770–1849). La signification des lignes était dérivée de la mimique de l'homme, les lignes descendantes indiquant la douleur et la tristesse, les lignes ascendantes la joie et l'espoir (repr. p. 67).

Dans son *Esthétique* Seurat résuma ces théories en évoquant Superville mais non pas Henry. Seurat croyait en effet que le trop grand ascendant du scientifique sur les milieux artistiques menacerait sa position prédominante dans l'invention du pointillisme. C'est ainsi qu'il essaya de souligner sa paternité en compilant ses théories nourries des sources les plus diverses. On trouve donc réunies sous une forme succincte les théories des couleurs et de la forme selon Chevreul, Rood, Helmholtz, Henry et Superville ainsi que les théories du mélange optique.

Dans sa lettre du 28 août 1890 à Maurice Beaubourg (repr. p. 95), Seurat écrit :

L'art c'est l'Harmonie. L'Harmonie c'est l'analogie des contraires, l'analogie des semblables, de ton, de teinte, de ligne, considérés par la dominante et sous l'influence d'un éclairage en combinaisons gaies, calmes ou tristes.

Les contraires ce sont :

Pour le ton, un plus lumineux/clair pour un plus sombre.

Pour la teinte, les complémentaires, c'est-à-dire, un certain rouge opposé à sa complémentaire, etc. (rouge-vert ; orange-bleu ; jaune-violet).

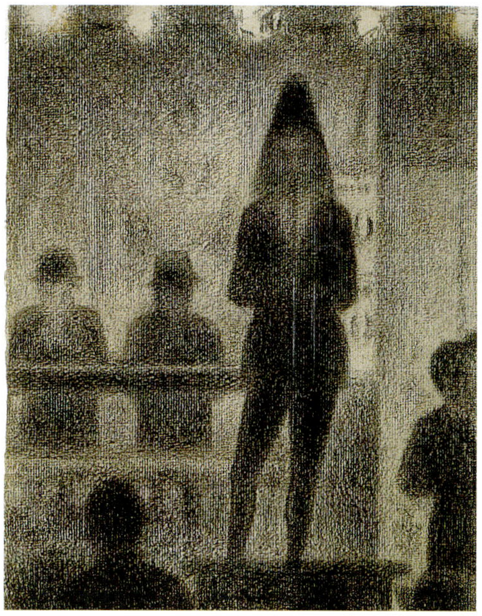

Joueur de trombone, étude pour *La Parade de Cirque*, 1887–1888
Crayon Conté, 30,8 x 22,5 cm
Philadelphie, The Philadelphia Museum of Art
The Henry P. McIlhenny Collection

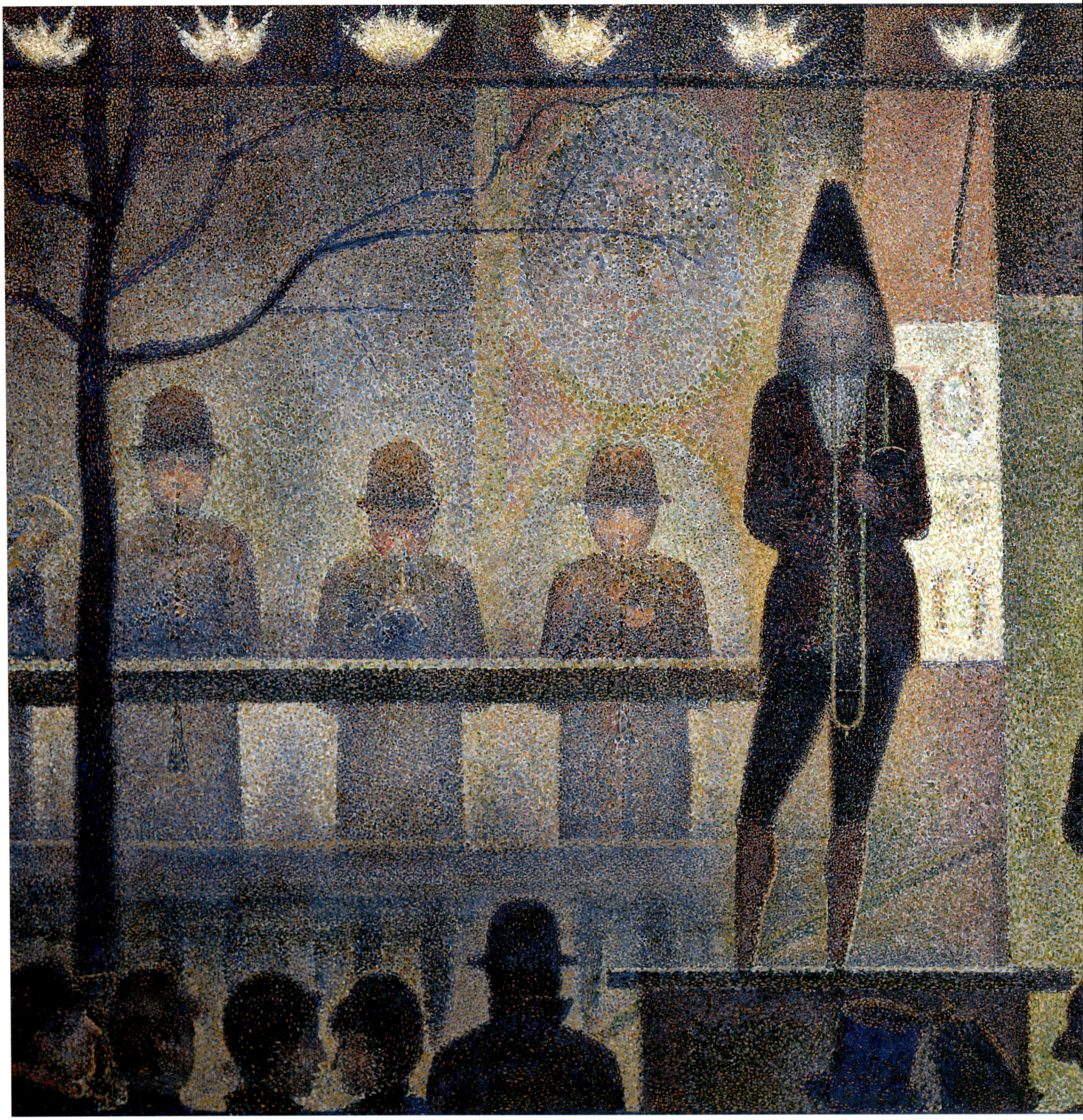

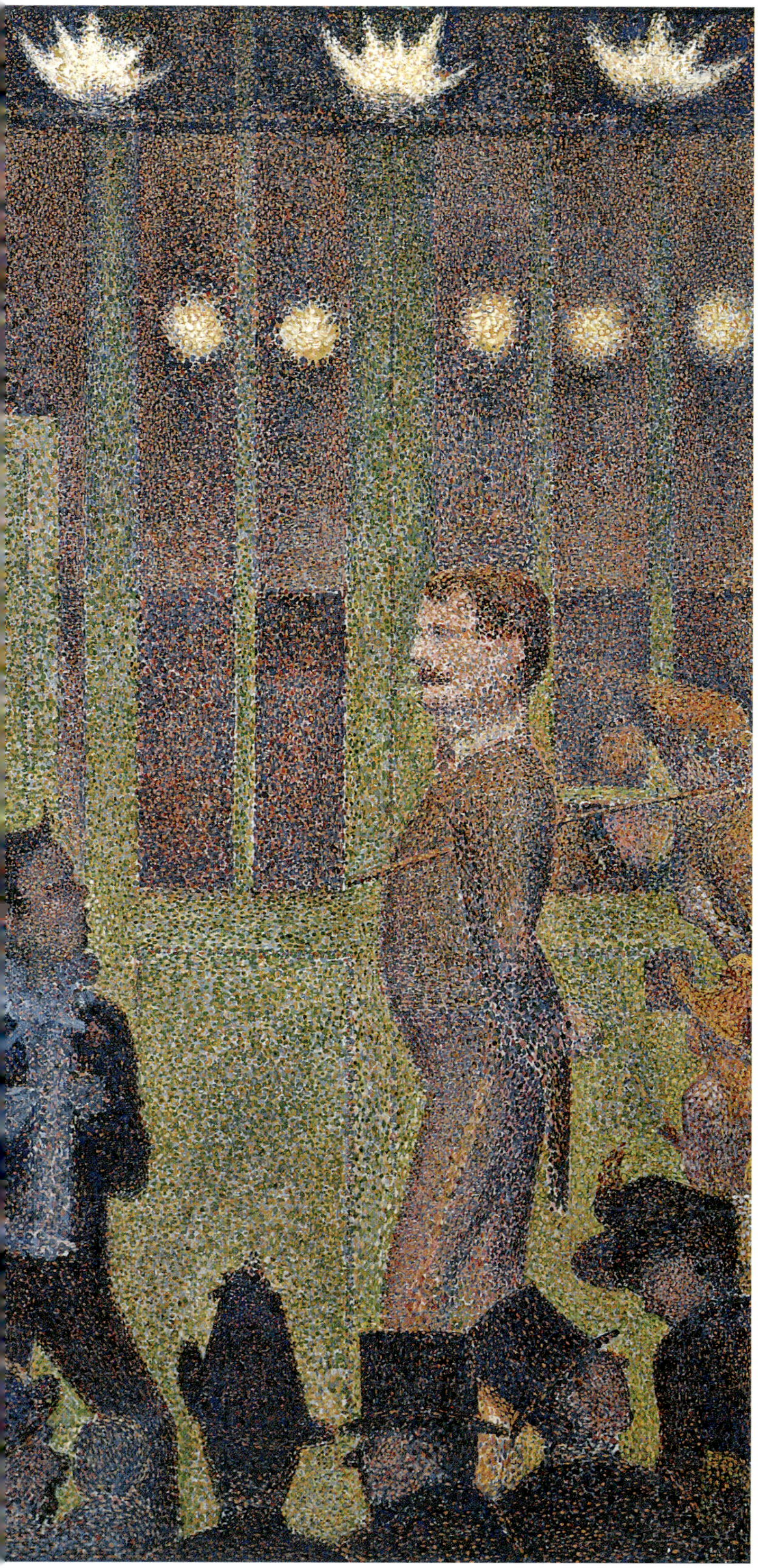

La Parade de cirque, 1888
Huile sur toile, 99,7 x 149,9 cm
New York, The Metropolitan Museum of Art
Bequest of Stephen C. Clark, 1960, (61.101.17)

Pour la ligne, celles faisant un angle droit.

La gaieté de ton, c'est la dominante lumineuse ; de teinte, la dominante chaude ; de ligne, les lignes au-dessus de l'horizontale.

Le calme du ton, c'est l'égalité du sombre et du clair ; de teinte, du chaud et du froid et l'horizontale pour la ligne.

Le triste du ton, c'est la dominante sombre ; de teinte, la dominante froide et de ligne, les directions abaissées.

Étant admis les phénomènes de la durée de l'impression lumineuse sur la rétine, la synthèse s'impose comme résultante. Le moyen d'expression est le mélange optique des tons, des teintes (de localités et de la couleur éclairante : soleil, lampe à pétrole, gaz, etc.), c'est-à-dire des lumières et de leurs réactions (ombres) suivant les lois du contraste de la dégradation de l'irridiation.

Le cadre est dans l'harmonie opposée à celle des tons, des teintes et des lignes du tableau.

C'est dans *La Parade de cirque* que Seurat se mit à appliquer pleinement ces théories. Les horizontales étant dominantes, cela pourrait signifier le calme selon Humbert de Supperville. Toutefois, si l'on tient compte de la ligne descendante du trombone aux tonalités solennelles et tristes, le tableau dégage, avec ses coloris sombres et froids (cf. Henry), une atmosphère plutôt triste. Cette interprétation est confirmée par Gustave Kahn qui qualifia de « pâle et triste » cette toile dédaignée par la critique.

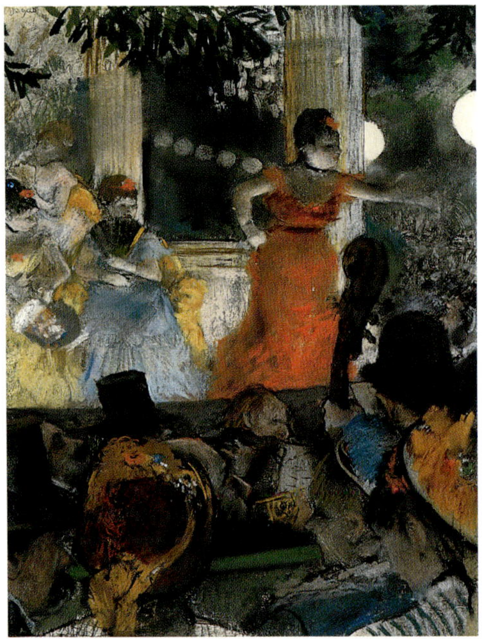

Edgar Degas
Le Café-Concert des Ambassadeurs,
vers 1876–1877
Pastel sur monotypie, 37 x 26 cm
Lyon, Musée des Beaux-Arts

En choisissant comme thème les plaisirs de la ville, le cirque et les cafés-concerts, Seurat suivait la tradition de ses prédécesseurs impressionnistes. Dans les années 1860, ces lieux de divertissements en plein essor inspirèrent surtout Edgar Degas (1834–1917) et Édouard Manet (1832–1883) qui trouvèrent de nouveaux motifs avec les chanteuses et leur public. Les cafés-concerts apparurent dans les années 1850 sous le Second Empire. Les premiers furent les « Ambassadeurs », l'« Alcazar d'été » et le « Café de l'horloge », et furent bientôt suivis par beaucoup d'autres. On y proposait des séances musicales, mais aussi des numéros de clowns et d'acrobates ainsi que de petites pièces de théâtre, des opérettes et des vaudevilles.

À l'époque de Degas, le café-concert le plus célèbre était les « Ambassadeurs » où l'on donnait un spectacle comprenant quinze acteurs accompagnés d'une quinzaine de musiciens. Entre quinze et trente serveuses devaient s'occuper de mille deux cents clients environ qui s'amusaient en plein air sous les arbres et les lampes à gaz. Recommandés par les guides touristiques, les « Ambassadeurs » étaient avec les « Folies-Bergère » le lieu de rencontre de la haute société parisienne et des touristes assoiffés de plaisirs. Les deux cafés apparaissaient dans de nombreuses toiles de l'époque. Manet peignit *Le Bar aux Folies-Bergère* (1881, Londres, Courtauld Institute) et Degas *Le Café-Concert des Ambassadeurs* (repr. p. 62). Émilie Bécat était l'une des vedettes préférées de Degas qui réussit à saisir ses gestes caractéristiques dans plusieurs études de pastels et dans *Mme Bécat aux Ambassadeurs* (repr. p. 64). Si les chansons n'étaient bien souvent que de simples rengaines, elles enthousiasmaient néanmoins le public avec leurs allusions érotiques. Dans ses pastels, Degas est parvenu à capter cette atmosphère burlesque et à rendre de façon extrêmement vivante l'ambiance de variétés de la fin du siècle.

Seurat s'inspira non seulement des grands maîtres de l'impressionnisme, mais succomba lui aussi aux plaisirs de Montmartre. Le « Concert-Européen », la « Gaîté-Rochechouart », le « Divan Japonais » et le cirque Fernando se trou-

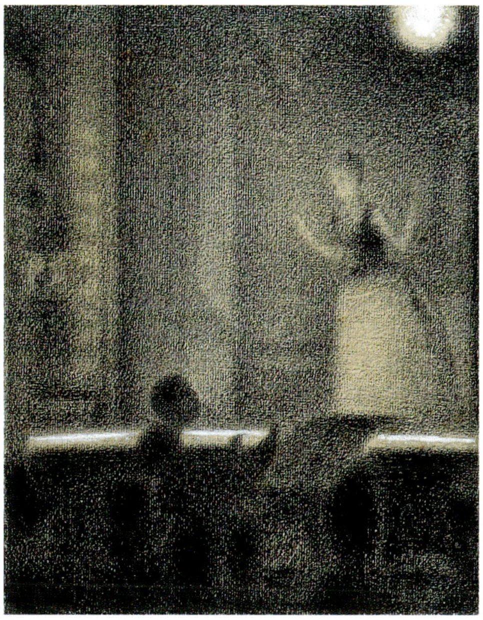

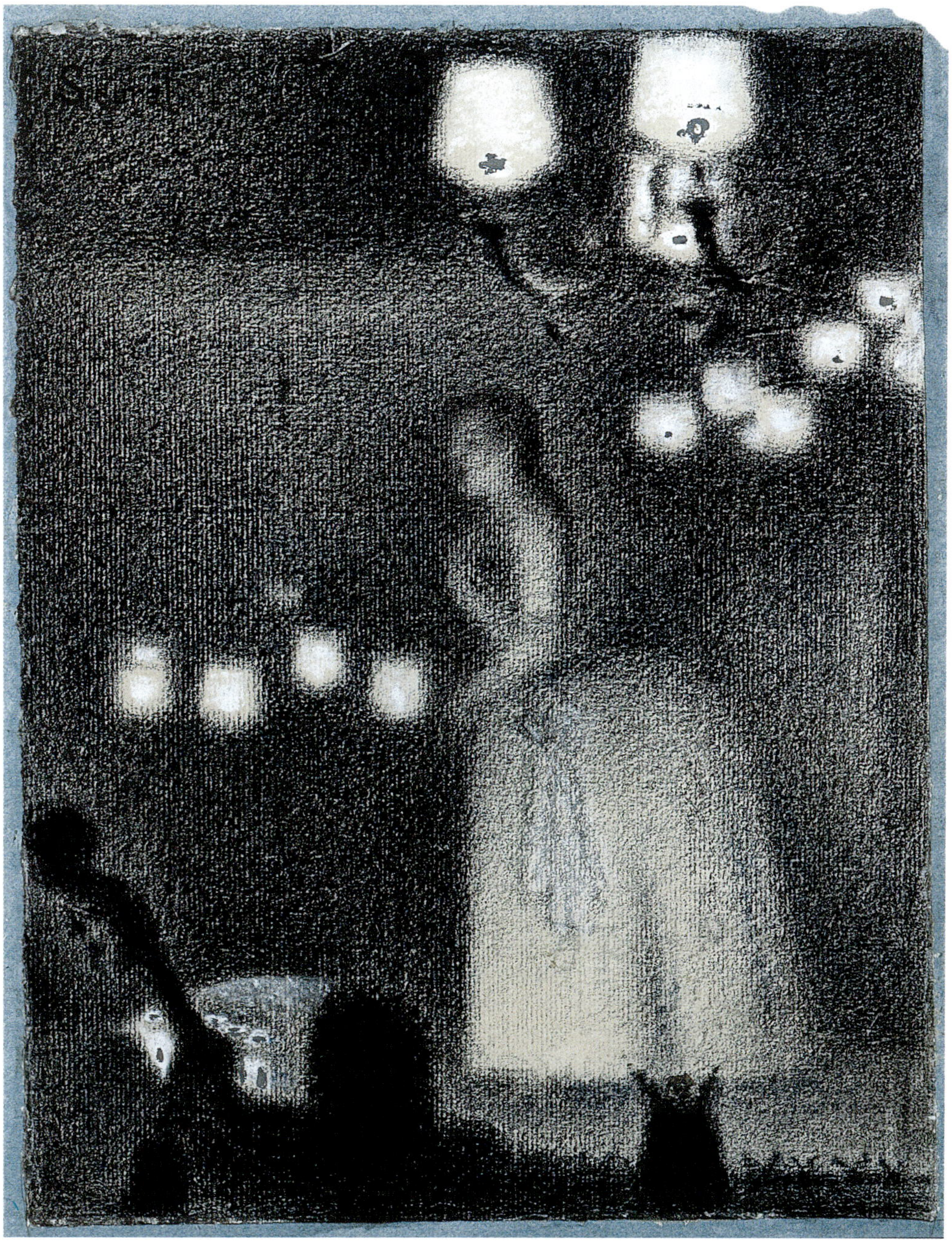

À la Gaîté-Rochechouart, 1887–1888
Crayon Conté rehaussé de gouache,
30,7 x 23,6 cm
Cambridge, MA, The Fogg Art Museum,
Harvard University Art Museum
Bequest of Grenville L. Winthrop

À DROITE :
Eden-Concert, vers 1886–1887
Crayon Conté, 29,5 x 22,5 cm
Amsterdam, Van Gogh Museum

vaient à deux pas de son atelier sur le boulevard Clichy. L'artiste avait aussi coutume de fréquenter le cabaret « L'Ancien Monde » où l'on dansait à la fin des représentations le fameux « chahut », apothéose tapageuse du french cancan, auquel Seurat consacra un tableau. *Le Chahut* (repr. p. 71) se distingue de ses prédécesseurs par une perspective qui manque étonnamment de clarté. Le visage raccourci de la première danseuse est le seul élément indiquant que le spectateur regarde la scène depuis la perspective du public. Au bord inférieur, la figure sombre du contrebassiste représenté de dos sert de repoussoir en créant une impression de profondeur. Seurat montre pour la première fois des personnages dont les formes s'entrecoupent, ce qu'il avait soigneusement évité jusqu'ici. L'agencement parallèle des jambes, qui entrent en correspondance avec d'autres diagonales du tableau, évoque le mouvement cadencé. Cette façon de représenter le mouvement était devenue actuelle à l'époque de Seurat à cause de la chronophotographie d'Étienne Jules Marey (1830–1904) et d'Eadweard James Muybridge (1830–1904). L'Anglais Muybridge devint célèbre par ses études de mouvements pour lesquels il plaça, à partir de 1872, plusieurs appareils photos les uns à côté des autres et essaya de décomposer les mouvements d'un cheval au galop en appuyant successivement sur ses appareils. En 1883, Marey, physiologiste français mit au point un appareil permettant de fixer plusieurs images sur une même plaque. Dans sa composition du *Chahut*, Seurat s'orienta à ce type de lignes parallèles et rythmiques que l'on pouvait voir sur les clichés. Les ombres en éventail près de la jambe au sol des danseurs, tout comme les lignes en spirale des jupes retroussées qui se prolongent jusqu'à l'éventail de la première danseuse, soulignent le dynamisme de la composition. Pour la direction des lignes, on peut se rapporter de nouveau aux théories d'Henry et de Superville. Les lignes ascendantes indiquent une ambiance joyeuse et survoltée correspondant bien à celle qui régnait dans la salle à l'apparition des danseuses.

Ces lignes ne sont pas sans évoquer le penchant qu´avait l'artiste pour les affiches. Dès l'enfance, Seurat aima les illustrations populaires et ceci se constate en partie dans ses toiles. Particulièrement prisées à son époque, les affiches de Jules Chéret (1836–1932) présentaient un graphisme nouveau et hardi qui faisait beaucoup d'effet et combinait des sujets populaires comme les scènes de carnaval, de cirque et de variétés à des rythmes entraînants (repr. p. 51).

Tout comme Seurat et les avant-gardistes appréciaient Chéret en raison de son style, les impressionnistes avaient en leur temps découvert les cafés et les variétés comme nouveaux thèmes pour la peinture et les avaient représentés d'une façon incroyablement vivante.

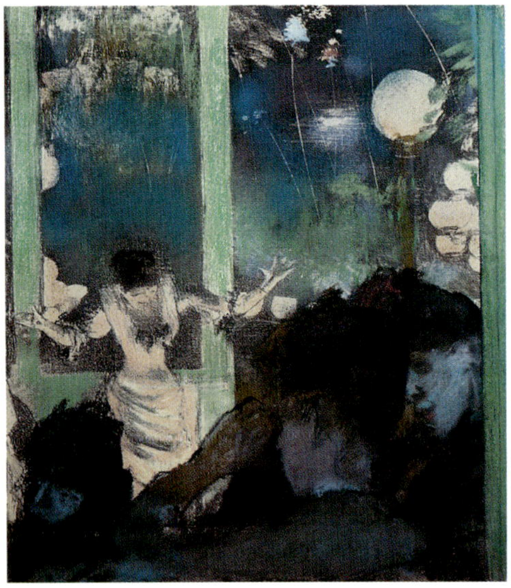

Edgar Degas
Mme Bécat aux Ambassadeurs, 1885
Pastel sur lithographie
New York, Collection of Mr. and Mrs. Eugene V. Thaw

Malgré l'exaltation des mouvements, *Le Chahut* de Seurat semble en revanche distant et décoratif. L'effet caricatural des danseurs n'est pas dû uniquement à l'exemple de Chéret, mais au désir de l'artiste de représenter avec une distance ironique l'univers illusoire des cafés-concerts. L'analyse des coloris confirme cette interprétation. Apparemment, Seurat s'est servi ici de couleurs chaudes «dynamogènes». Pourtant, des touches bleues et vertes se mêlent aux tons de rouge et de jaune, ce qui, si l'on regarde bien, produit une cassure dans le chromatisme. L'intention n'est donc pas de montrer une joie «naturelle», mais le caractère artificiel et exalté de ces spectacles. Pour la première fois, Seurat ne compose pas ses couleurs selon les lois de Chevreul. Les complémentaires observées dans l'étude en couleur (repr. p. 68) sont remplacées dans la version finale par des tonalités libres et expressives. La technique pointilliste est moins prononcée et la couleur a été apposée par endroits en traits verticaux qui suivent les contours. Par ailleurs, ceux-ci sont entourés d'une ligne fermée afin de souligner la planéité de la composition.

L'artiste s'est également penché sur le monde des cafés-concerts dans une série de dessins de haut niveau. Le dessin *Eden-Concert* (repr. p. 63) fut exposé de mars à mai 1887 au troisième Salon des indépendants, puis reproduit en avril 1887 dans *La vie moderne* pour illustrer un article de Kahn. Au centre de ce dessin se tient une chanteuse dont les rondeurs sont reprises dans les lampes à gaz «dansantes». À gauche se dresse la silhouette d'un contrebassiste que Seurat réutilisera dans *Le Chahut* (repr. p. 71). Les subtiles nuances de gris et les clairs-obscurs très contrastés sont du plus bel effet.

Le dessin *À la Gaîté-Rochechouart* (repr. p. 63) reproduit une situation identique. Le chef d'orchestre brandissant sa baguette domine la fosse d'orchestre et regarde la jeune femme qui chante en levant les bras. Les deux dessins sont composés selon le nombre d'or bien que l'artiste ait respecté encore plus la règle des proportions dans le second. Seurat exposa ce dessin au Salon des indépendants en 1888, mais il dut lui sembler trop statique pour *Le Chahut*. En revanche, le dessin au crayon Conté, le *Divan Japonais* (repr. p. 71), est une étu-

PAGE 65:
Au Concert Européen, 1887–1888
Crayon Conté, 31,1 x 23,9 cm
New York, The Museum of Modern Art
Lillie P. Bliss Collection

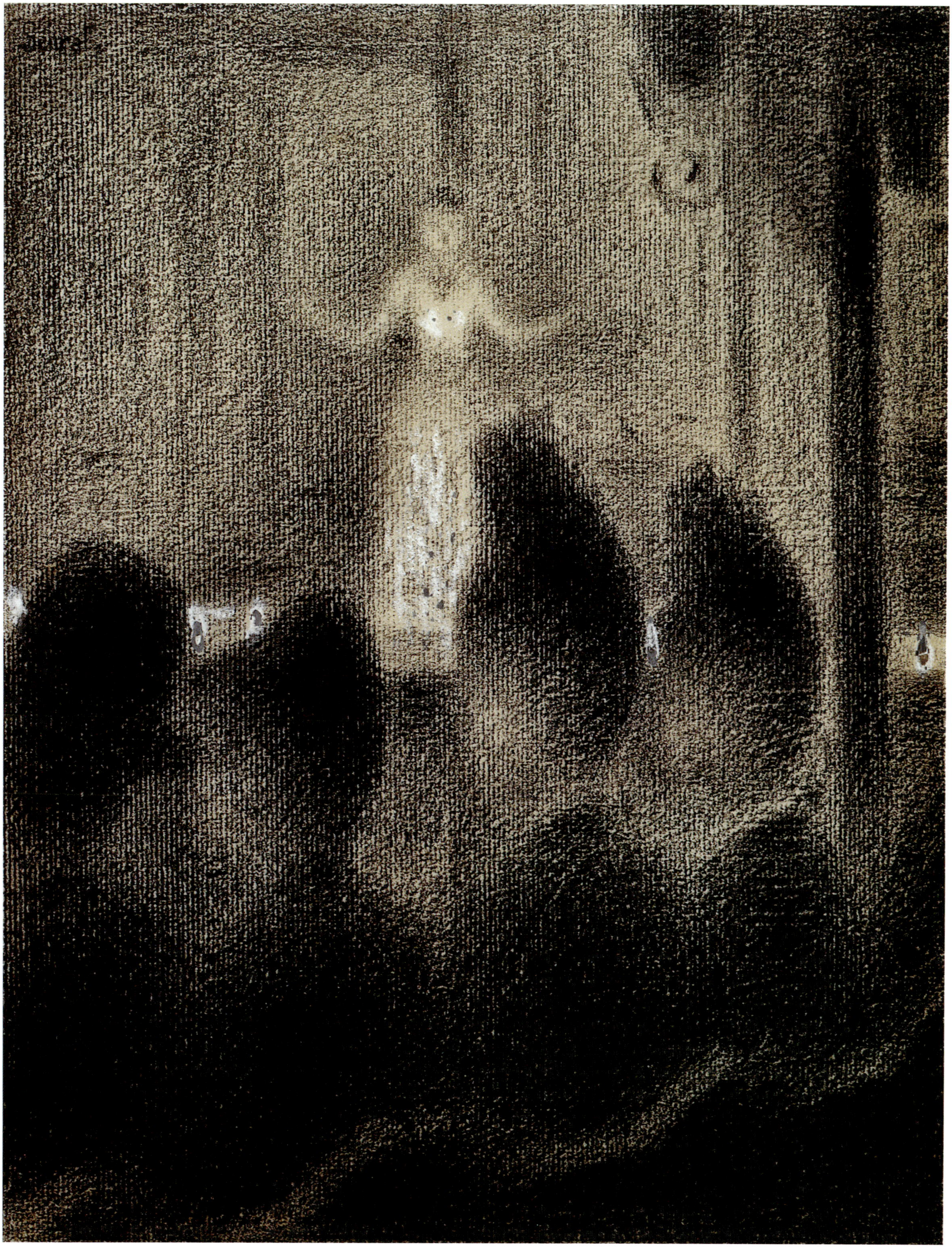

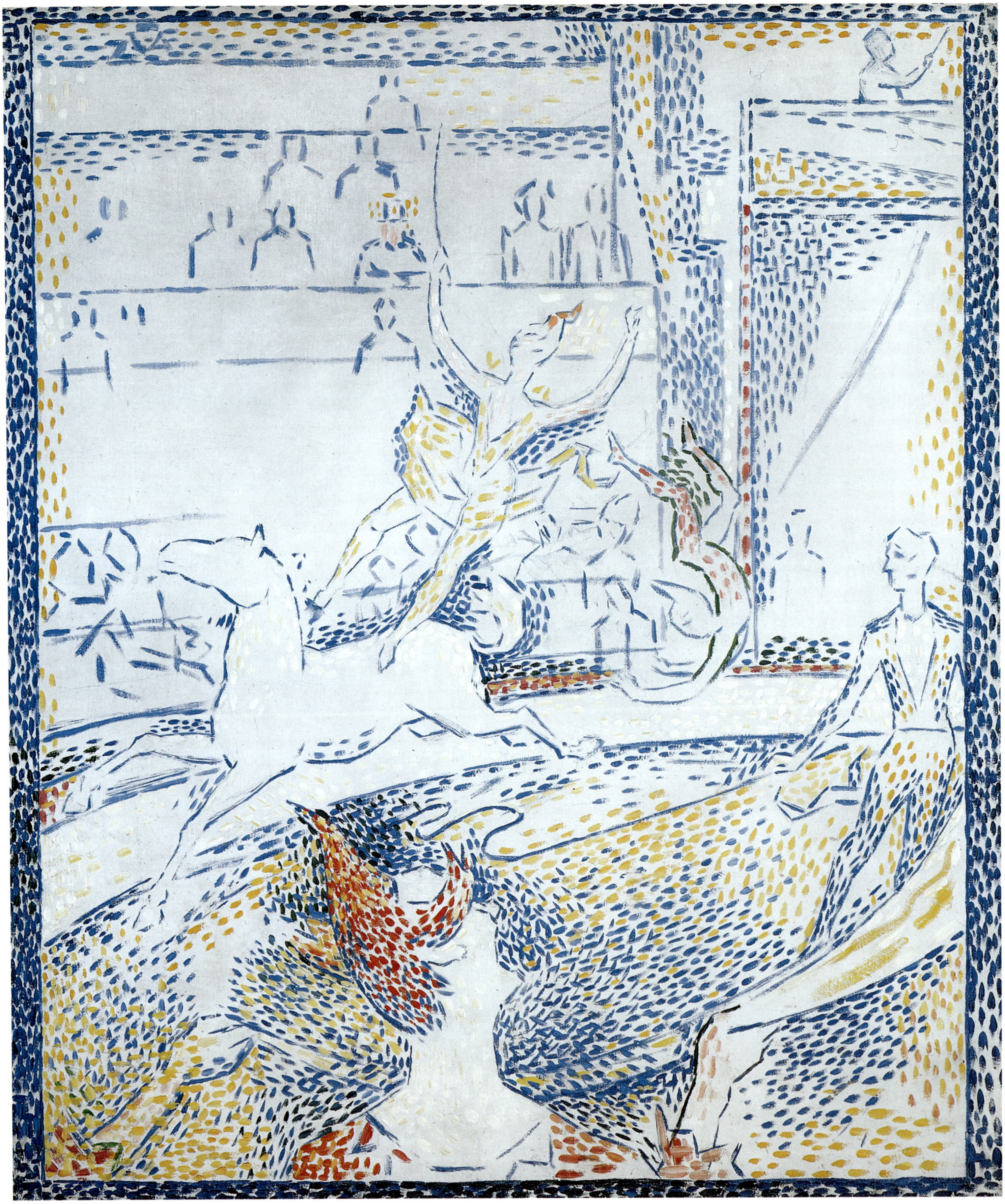

Esquisse pour ***Le Cirque***, 1890–1891
Huile sur toile, 55 x 46 cm
Paris, Musée d'Orsay

de réalisée directement pour *Le Chahut*. Des trois cafés-concerts, le Divan Japonais était le plus quelconque et Seurat sut rendre parfaitement cette atmosphère avec son style caricatural.

La plupart des critiques se montrèrent réservés à l'égard du *Chahut*. La représentation leur semblait trop morne, et c'est ce que ressentit aussi Vincent van Gogh (1853–1890) qui avait rendu visite à Seurat en février 1888. Seuls les cercles littéraires des symbolistes, que Seurat et Signac fréquentaient dans les années 1880, y virent une critique de la bourgeoisie parisienne et de la situation politique en général. C'est ainsi que Gustave Kahn décrit comme une ignominie contemporaine le contraste entre « la belle danseuse, l'éclat d'une modeste féerie » et les vils spectateurs. Des amis de Seurat, Jean Ajalbert et Émile Verhaeren, avaient écrit des poèmes sur le chahut et le café-concert dans lesquels ils s'identifiaient aux caractères contraires des acteurs et des chanteuses.

La lecture du *Chahut* peut se faire à plusieurs niveaux. Une critique claire et nette de la société a été tout autant évitée qu'une glorification « dynamogène » des gens du spectacle ou qu'une représentation du french cancan comme symbole érotique. Comme dans beaucoup d'œuvres tardives de Seurat, la rigueur scientifique, la vision ironique et subjective ainsi que les allusions symboliques s'équilibrent avec une poésie visuelle et un regard critique sur la réalité.

En revanche, *Le Cirque* (repr. p. 2, 50), chef-d'œuvre des dernières années de la vie de l'artiste, est beaucoup plus clair. Seurat se rendait souvent au cirque Fernando, situé non loin de l'atelier, à l'angle de la rue des Martyrs et du boulevard Rochechouart. Fondé en 1875 sur la place Frodot, le cirque qui fut baptisé à partir de 1890 d'après son célèbre clown Médrano, attirait beaucoup d'artistes. Seurat étudia dans ce cirque le mouvement des clowns, des danseuses et des annonceurs. Le cirque resta pendant longtemps un divertissement favori des artistes parisiens de l'avant-garde. Avec son mélange de témérité, de goût du risque et de gaieté bon enfant, l'atmosphère du cirque eut sans conteste un effet stimulant sur les artistes de Montmartre, leur rappelant peut-être la précarité de leurs conditions de vie.

À l'époque, le numéro d'équitation peint par Seurat était le clou du spectacle. Le dompteur dirigeait le cheval à l'aide d'un long fouet pendant que les clowns commentaient la prestation par des remarques insolentes et des pitreries. Le public parisien se retrouvait donc autour du manège.

Jadis, le prix des places variait selon les gradins réservés aux différents degrés de la hiérarchie sociale. C'est avec un sens de l'ironie et de l'humour que Seurat a fixé ces différences sociales dans son tableau : tout en haut, dans « l'olympe », on peut voir les ouvriers coiffés d'un casque se tenant derrière une balustrade. En dessous, Seurat a réuni les spectateurs de deuxième et troisième classe sur trois gradins. La première classe répartie sur cinq rangées dispose de dossiers rembourrés indiqués dans le tableau par des bandes de couleur pourpre. Les bourgeois assis sur ces gradins ne sont pas sans ressembler à ceux d'*Un dimanche à la Grande Jatte*. Selon Fénéon, le « spectateur à l'amusant haut-de-forme » de la première rangée, à gauche du clown voltigeur, est Charles Angrand, ami de l'artiste.

La composition se distingue de celle du *Chahut* par sa plus grande profondeur. L'effet spatial est produit par la balustrade blanche ascendante, le raccourcissement de la perspective chez le cheval et l'écuyère ainsi que par les spectactrices à gauche que l'on voit de biais, mais surtout par le personnage du clown qui, par sa taille et ses couleurs vives, repousse tous les autres motifs à l'arrière-plan.

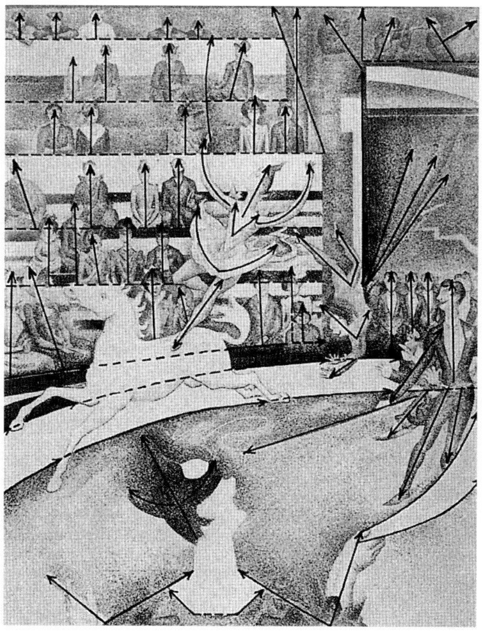

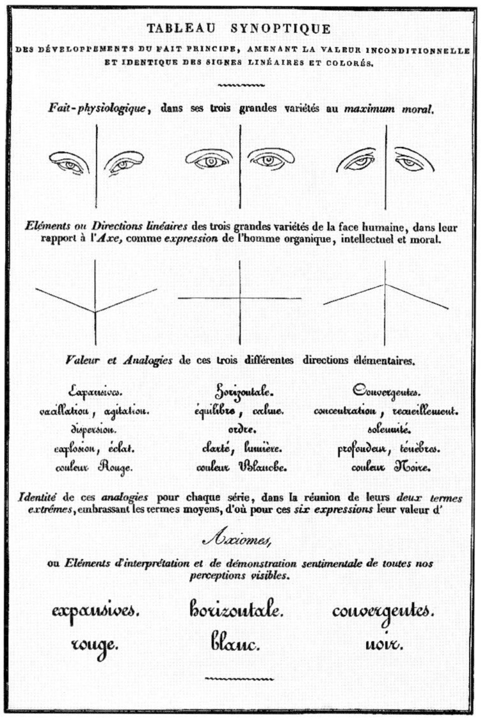

TABLEAU SYNOPTIQUE

DES DÉVELOPPEMENTS DU FAIT PRINCIPE, AMENANT LA VALEUR INCONDITIONNELLE ET IDENTIQUE DES SIGNES LINÉAIRES ET COLORÉS.

Fait-physiologique, dans ses trois grandes variétés au *maximum moral*.

Eléments ou Directions linéaires des trois grandes variétés de la face humaine, dans leur rapport à l'*Axe*, comme *expression* de l'homme organique, intellectuel et moral.

Valeur et Analogies de ces trois différentes directions élémentaires.

Expansives.	Horizontale.	Convergentes.
vacillation, agitation.	équilibre, calme.	concentration, recueillement.
dispersion.	ordre.	solennité.
explosion, éclat.	clarté, lumière.	profondeur, ténèbres.
couleur Rouge.	couleur Blanche.	couleur Noire.

Identité de ces *analogies* pour chaque série, dans la réunion de leurs *deux termes extrêmes*, embrassant les termes moyens, d'où pour ces *six expressions* leur valeur d'

Axiomes,

ou *Eléments d'interprétation et de démonstration sentimentale de toutes nos perceptions visibles.*

expansives.	horizontale.	convergentes.
rouge.	blanc.	noir.

Humbert de Superville
Tableau synoptique sur les principes de son esthétique
Extrait de : *Essai sur les signes inconditionnels dans l'art*, Leyde 1827

EN HAUT :
Structure linéaire du cirque
Diagramme d'après W. Homer, *Seurat and the science of painting*, 1964

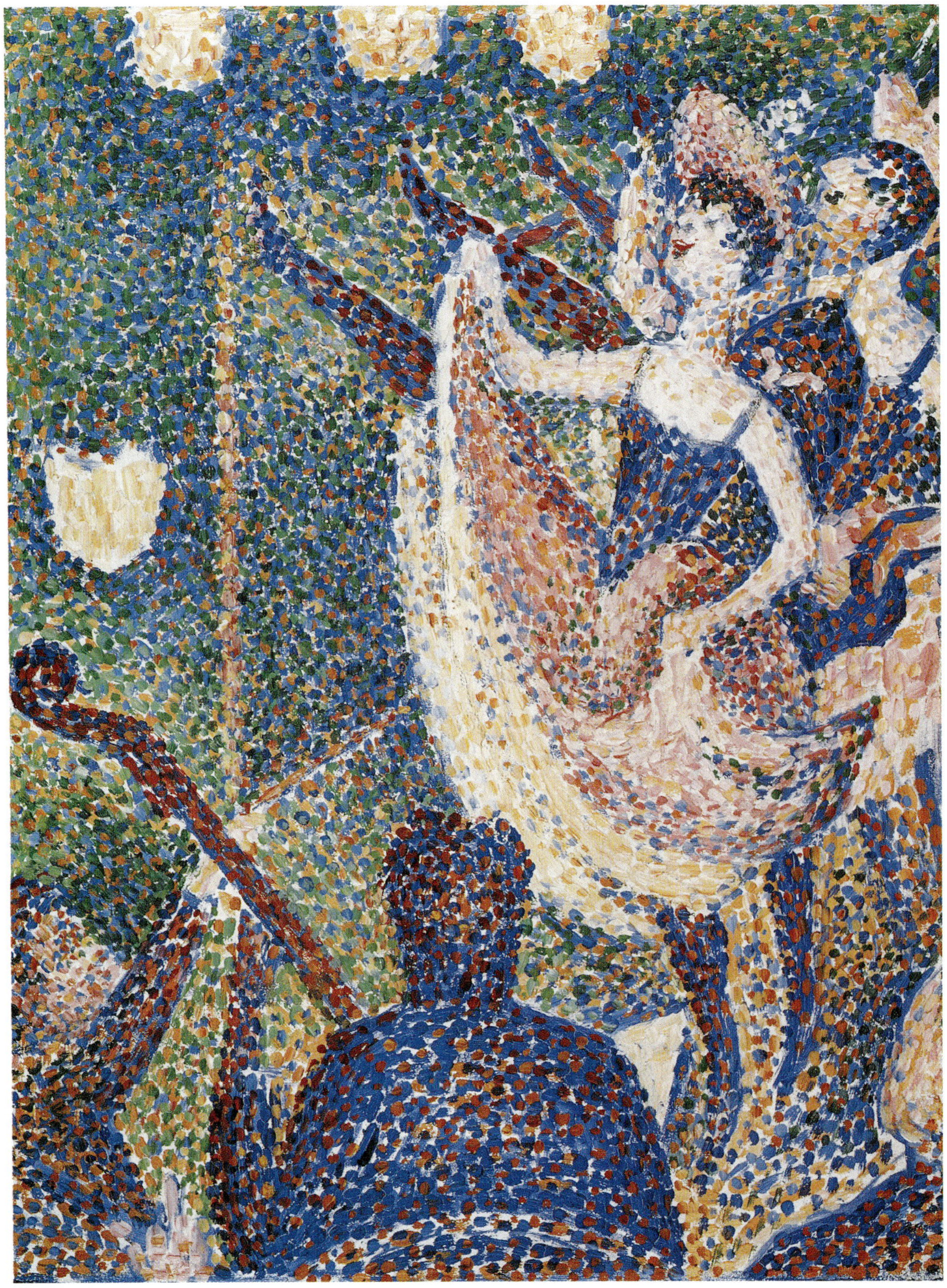

Étude pour ***Le Chahut***, 1888–1890
Huile sur bois, 21,8 x 15,8 cm
Londres, Courtauld Gallery

Ce tableau présente un incroyable dynamisme. À côté des hommes et des animaux en action qui semblent pris sur le vif, les lignes en zigzag expriment également le mouvement : une bande de tissu jaune flotte derrière la danseuse ; l'entrée du manège est zébrée par une bande identique ressemblant à un éclair. Le fouet du dompteur souligne la vitesse du cheval.

Même s'il s'inspire du nouveau graphisme publicitaire de Jules Chéret, Seurat reste attaché dans ce tableau à son système d'ordre pour orchestrer clairement la composition. Le quadrillage, c'est-à-dire la division du fond en un réseau de lignes servant pour les proportions, est çà et là encore visible entre les petites touches. Par rapport aux horizontales, toutes les diagonales se dirigent vers les côtés des angles, qui correspondent chez Henry aux nombres dits « rythmiques » (cf. esquisse, repr. p. 67).

La valeur expressive des lignes s'accorde avec celle des couleurs. Seurat utilise de façon systématique le nouveau système de petits traits déjà élaboré dans

PAGE 69 :
Poseuse de face, vers 1887
Huile sur bois, 25 x 16 cm
Paris, Musée d'Orsay

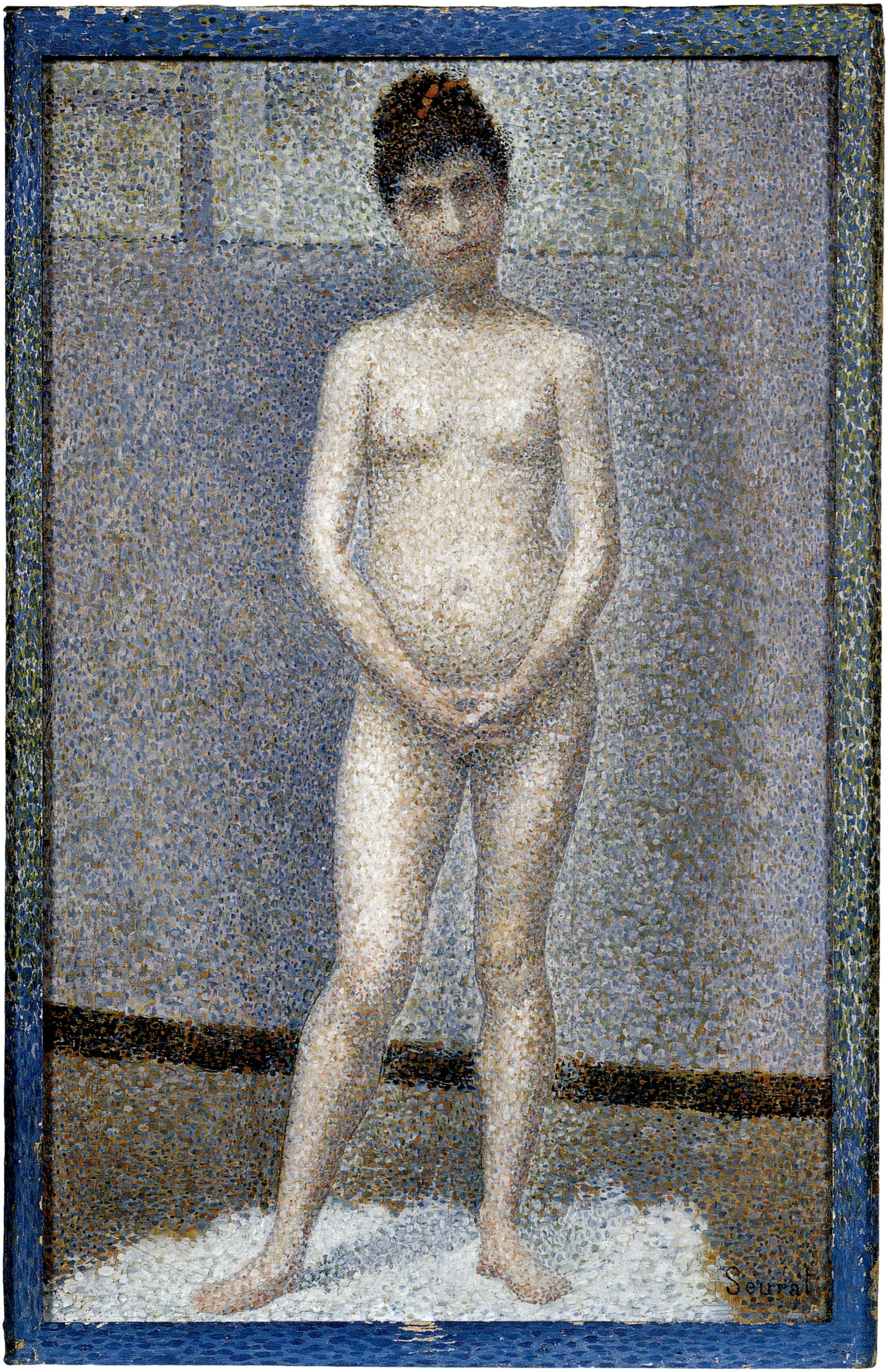
Seurat

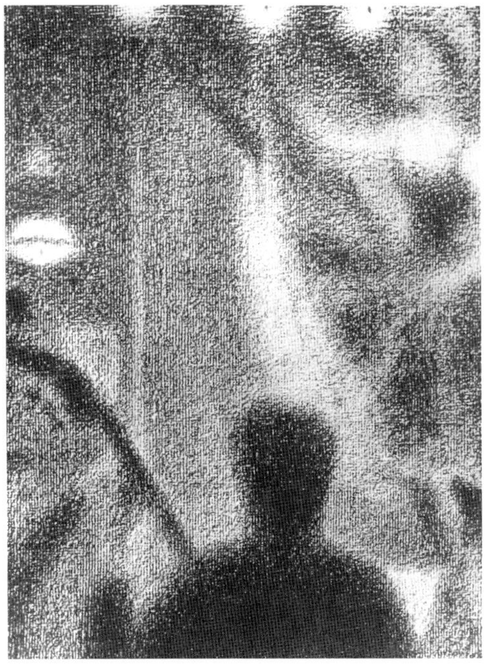

Au Divan Japonais, 1887–1888
Crayon Conté, 30,5 x 23 cm
Paris, Musée d'Orsay

Le Chahut. Le tableau étant resté inachevé, leur pouvoir d'expression en est d'autant plus grand. L'effet chromatique de la toile est déterminé par le jaune lumineux, on ne découvre qu'une seule couleur « inhibitive », à savoir le bleu des contours et des ombres, pour toute un série de coloris « dynamogènes » avec du jaune, de l'orange et du rouge. Les couleurs claires rehaussées de blanc ne sont pas atténuées par le mélange optique. La répartition chromatique souligne l'effet « dynamogène » de la toile. Le maillot et la coiffure rouges du clown au premier plan accentuent le mouvement « dynamogène » vers la gauche, qui est renforcé par l'inclinaison vers la droite de la danseuse. Complémentaire au chromatisme du tableau, la bordure peinte évoque un rideau ouvert par son important contraste de clair-obscur.

En mars 1891, Seurat envoya le tableau au Salon des indépendants bien qu'il ne fût pas encore achevé. Par rapport à ses autres « toiles de lutte », *La Parade de cirque* et *Le Chahut*, celle-ci était d'une lecture aisée et pouvait plaire au profane ignorant tout des formules de Henry. Seurat voulait avant tout renforcer sa position de chef de file des néo-impressionnistes qui semblait menacée par les nombreux imitateurs et par une brouille temporaire avec Signac.

Avec cette composition du cirque Seurat connut à long terme le plus grand succès. La critique contemporaine accueillit la toile avec enthousiasme : « Quelle forte impression de joie lumineuse, quelle musique palpitante des lignes ! ». C'est ce tableau qui incita plus tard les cubistes et les constructivistes à considérer Seurat comme le précurseur d'un art purement expressif.

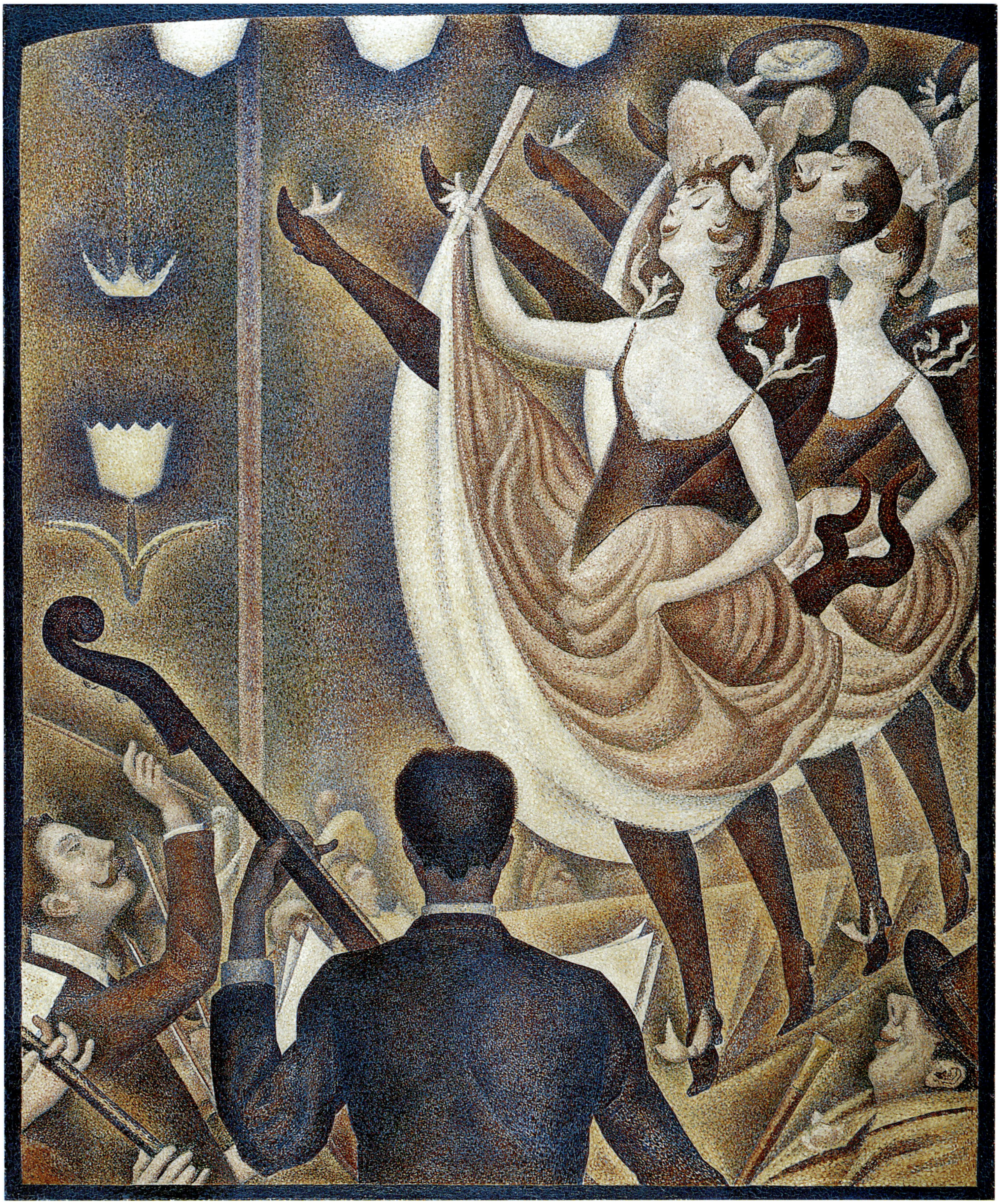

Le Chahut, 1889–1890
Huile sur toile, 169 x 139 cm
Otterlo, Kröller-Müller Museum

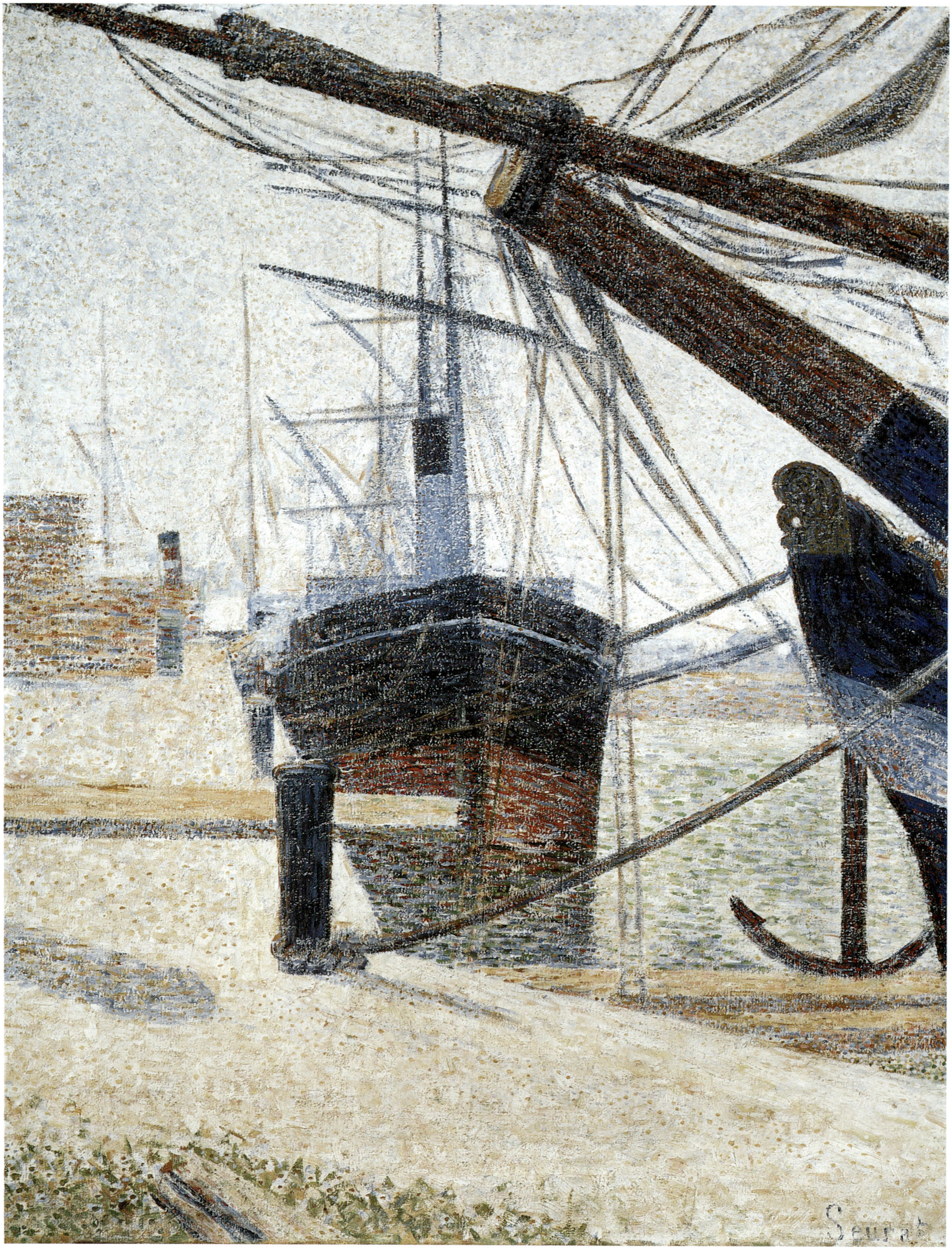
Seurat

La Lumière de la mer

À partir de 1885, Seurat passa régulièrement quelques semaines en été sur les côtes de la Manche et de la Normandie. Il se rendit à Grandcamp en 1885, à Honfleur en 1886, à Port-en-Bessin en 1888, au Crotoy en 1889 et à Gravelines en 1890. Il ne resta à Paris qu'en 1887, probablement pour ne pas interrompre son travail sur les deux grands tableaux *Les Poseuses* (repr. p. 52, 53) et *La Parade de cirque* (repr. p. 60/61).

Seurat suivait ainsi une longue tradition, commencée par Claude-Joseph Vernet (1714–1789) et continuée par les précurseurs de l'impressionnisme Eugène Boudin (1824–1898), Charles François Daubigny (1817–1878) et Johan Barthold Jongkind (1819–1891), qui exécutèrent les premiers tableaux en plein air sur les côtes normandes. Cet exemple fut également suivi par Monet qui fut à l'origine de la peinture impressionniste en plein-air (*La Plage de Trouville*, 1870 ; Londres, National Gallery) avec ses tableaux représentant les plages des stations balnéaires en vogue à l'époque. La nouvelle ligne de chemin de fer permettait de se rendre rapidement sur les côtes normandes qui n'attiraient plus seulement les riches Parisiens fuyant la chaleur de l'été, mais des gens simples et des touristes anglais voulant se détendre. La famille de Seurat passait régulièrement les vacances d'été à Grandcamp, Les Petites Dalles et Mers-les-Bains.

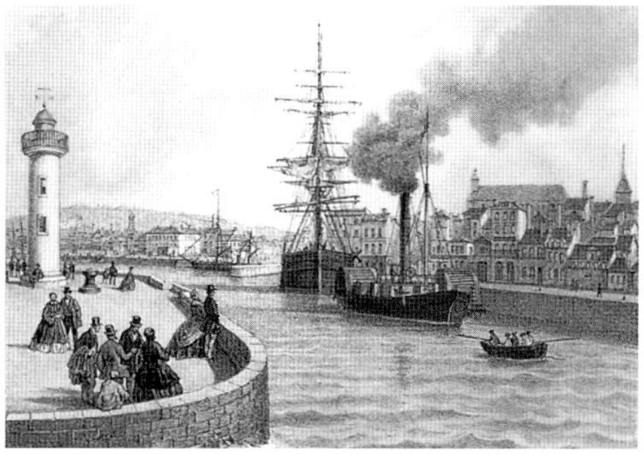

Léon-Auguste Asselineau
Honfleur, entrée du port, vers 1860
Lithographie

Contrairement aux marines agitées d'Étretat et de Varengeville, avec lesquelles Monet voulait exprimer les forces primitives de la nature, les toiles de Seurat se caractérisent par leur sérénité et leur luminosité. Celui-ci ne s'intéressait ni à l'agitation des ports, ni à l'animation colorée des plages. Après qu'il eut expérimenté la technique pointilliste à Grandcamp pour la reporter ensuite dans *Un Dimanche à la Grande Jatte* dans une démonstration exemplaire, Seurat tourna son attention dans ses marines vers l'atmosphère créée par les variations de lumière sur la mer.

La série de sept toiles réalisée à Honfleur commence avec une vue du port (*Coin d'un bassin, Honfleur*, repr. p. 72). Les bateaux ayant quitté leur place, cette vue resta inachevée et ceci montre combien l'étude sur le motif était indispensable même si l'artiste terminait tous ses tableaux en atelier.

Un gros cargo dont la coque sombre domine le tableau avec sa cheminée et son mât qui s'élance vers le ciel est rangé le long des murs clairs du quai. Se dressant à droite du tableau, on peut voir également la proue et le mât de beaupré d'un grand voilier arrimé par de solides cordages à l'un des bollards du quai. Même si ce tableau ressemble à une esquisse, on ne peut ignorer l'agencement soigneux des mâts et des cordages en diagonale qui lui confèrent un effet « abstrait ». Peut-être Seurat s'intéressait-il aussi à la confrontation de la force de la

PAGE 73 :
Coin d'un bassin, Honfleur, 1886
Huile sur toile, 81 x 65 cm
Otterlo, Kröller-Müller Museum

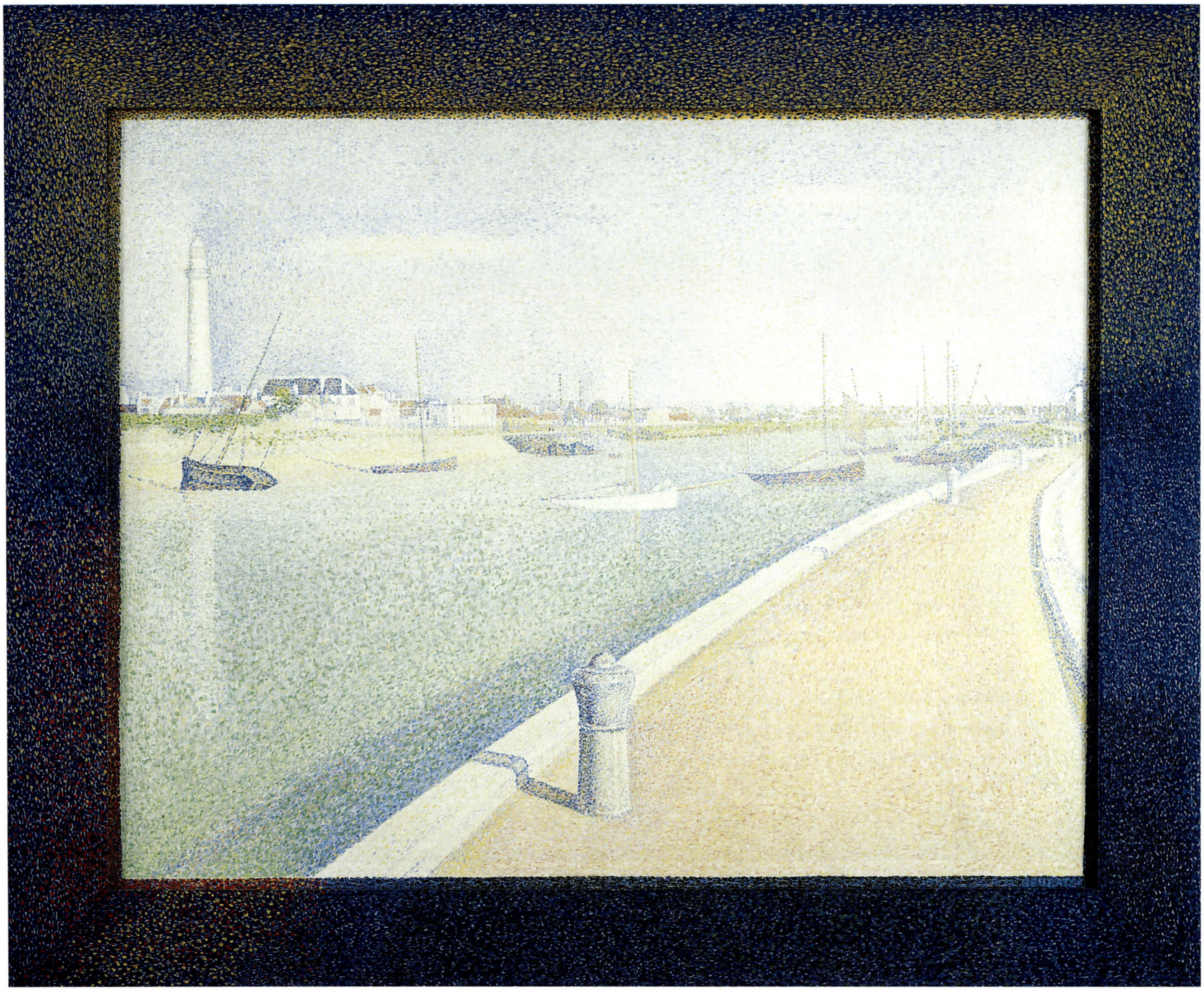

Le Chenal de Gravelines, Petit Fort-Philippe, 1890, Huile sur toile, 73 x 92,7 cm
Indianapolis, IN, Indianapolis Museum of Art
Gift of Mrs. James W. Fesler in memory of Daniel W. and Elisabeth C. Marmon

vapeur et du gréement qui, depuis William Turner (1775–1851), symbolisait le conflit entre la technique moderne et une tradition révolue.

Le tableau étant resté inachevé, on peut aisément reconstituer la méthode de travail de Seurat en le prenant comme exemple. À l'opposé des impressionnistes et de leur technique « alla-prima », consistant à appliquer une seule couche de couleur sans couche de fond, Seurat exécutait tout d'abord un dessin minutieux. Puis, il apposait les premières tonalités en traits verticaux en ayant tenu compte des contrastes optiques. La couleur de l'eau à l'ombre du bateau se compose ainsi de traits rouges, verts, bleu clair et turquoise. La coque du bateau a été peinte en bleu foncé, puis modelée par de petits traits rouges et bleus pour obtenir son effet plastique. Les surfaces claires ont été obtenues à partir de traits irréguliers qui se mélangent les uns aux autres. Après seulement, Seurat a commencé à certains endroits le pointillage proprement dit, par exemple dans le jaune-orange complémentaire qui recouvre toute la composition d'une surface compacte et fermée dans les tableaux achevés.

Tandis que cette toile présente un aspect moderne, et même un peu trop naïf avec la représentation minutieuse du gréement, deux autres marines de Honfleur

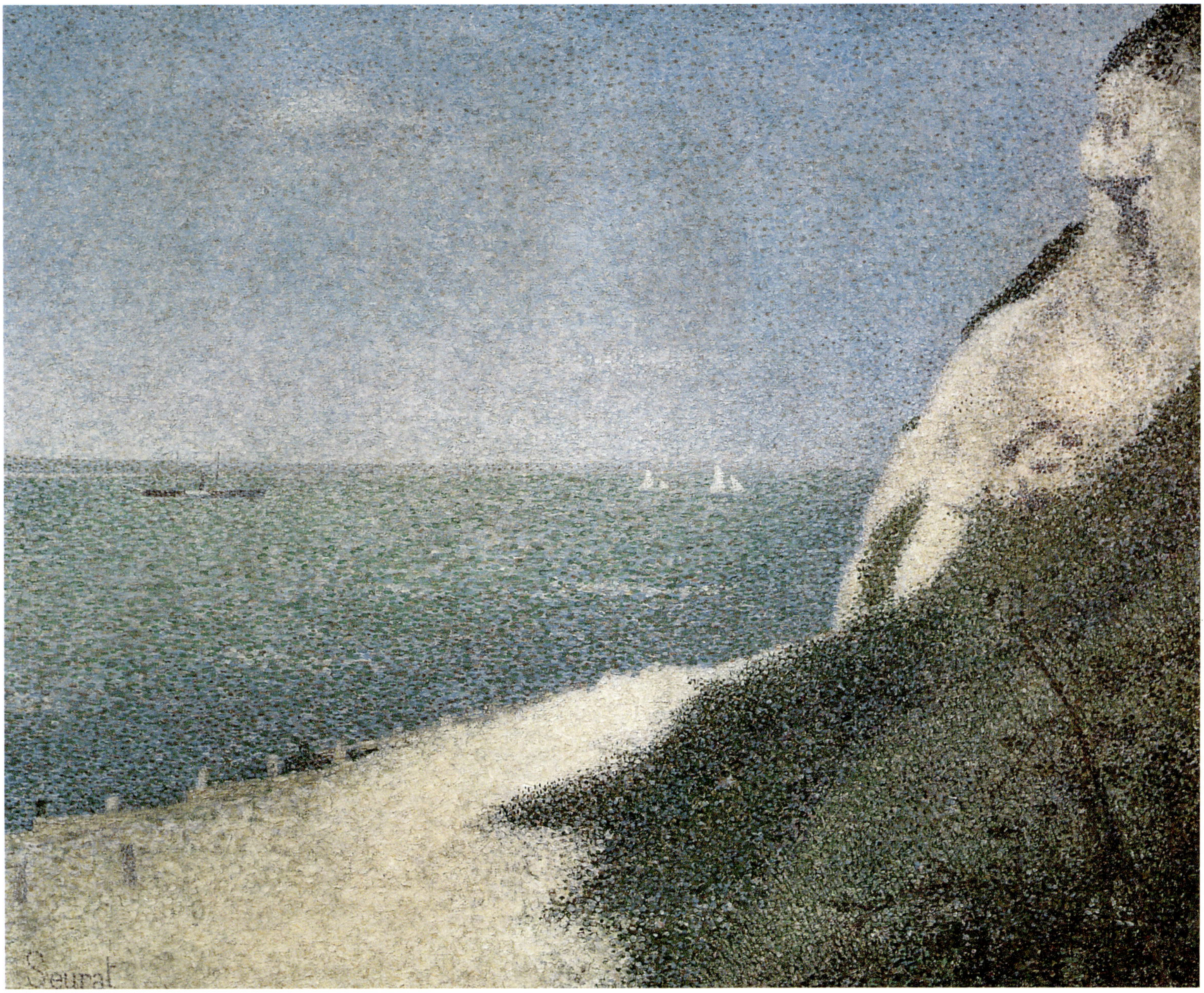

La Grève du Bas-Butin à Honfleur, 1886
Huile sur toile, 67 x 78 cm
Tournai, Musée des Beaux-Arts

(repr. p. 75, 76) montrent la poésie intemporelle de la mer, que les poètes symbolistes admiraient tant dans les tableaux de Seurat. Les critiques symbolistes s'intéressaient moins au jeu complexe des lignes des couleurs qu'à l'atmosphère des marines unanimement qualifiée de douce et harmonieuse. Même le critique d'art Joris Karl Huysmans (1848–1907), qui n'était pas toujours tendre avec Seurat, écrivit en avril 1887 dans la *Revue indépendante* au sujet de ses « paysages de mers » : « Ils appuient encore sur cette sensation qu'il exprime, d'une nature plus assoupie que mélancolique, d'une nature qui repose, anonchalie sous des firmaments sans courroux, à l'abri des vents. » La poésie suggestive du poète français Stéphane Mallarmé (1842–1898) est transposée ici dans le domaine de la critique d'art et remplace la description exacte et objective, de Fénéon par exemple, par des sentiments subjectifs. C'est ainsi que les marines de Seurat furent entraînées dans le sillage des visions symbolistes qui immergeaient dans « l'immensité silencieuse » de la mer le fardeau des utopies sociales non réalisées.

Dans *La Grève du Bas-Butin à Honfleur* (repr. p. 75), le regard du spectateur glisse le long de la falaise abrupte par-dessus les fourrés et les buissons pour se diriger vers l'étendue de la mer où passent à l'horizon deux voiliers et un bateau à vapeur. La simplicité de la composition, la diagonale de la plage, l'horizon situé à peu près au milieu et, au-dessus, l'immensité du ciel confèrent au tableau une impression de calme et d'harmonie. Mais ce qui est surtout remarquable ici, c'est la technique chromatique qui incita Paul Adam (1862–1920) à parler « d'orchestre de touches symphoniques ». Et il poursuivait en disant que l'œil percevait le son généreux de l'harmonie d'ensemble et pouvait se perdre en même temps dans les finesses des tonalités vibrantes, les tons éphémères de malachite et d'émeraude, des lapis-lazuli, tandis que le firmament brillait comme une coupe sertie de minuscules pierres précieuses.

L'hommage rendu par Adam concerne surtout la technique pointilliste de Seurat, laquelle ne vise plus un « mélange optique » exactement conforme à la théorie, mais permet aux différentes tonalités de dégager une intensité et une luminosité encore plus grandes. Quant à sa remarque sur les « touches symphoniques », elle doit être mise en relation avec l'enthousiasme des Parisiens pour Wagner, qui culmina avec la création de la *Revue Wagnérienne*. Le nouveau lan-

Embouchure de la Seine, soir, Honfleur, 1886
Huile sur toile, 65,4 x 81,1 cm
New York, The Museum of Modern Art
Gift of Mrs. David M. Levy

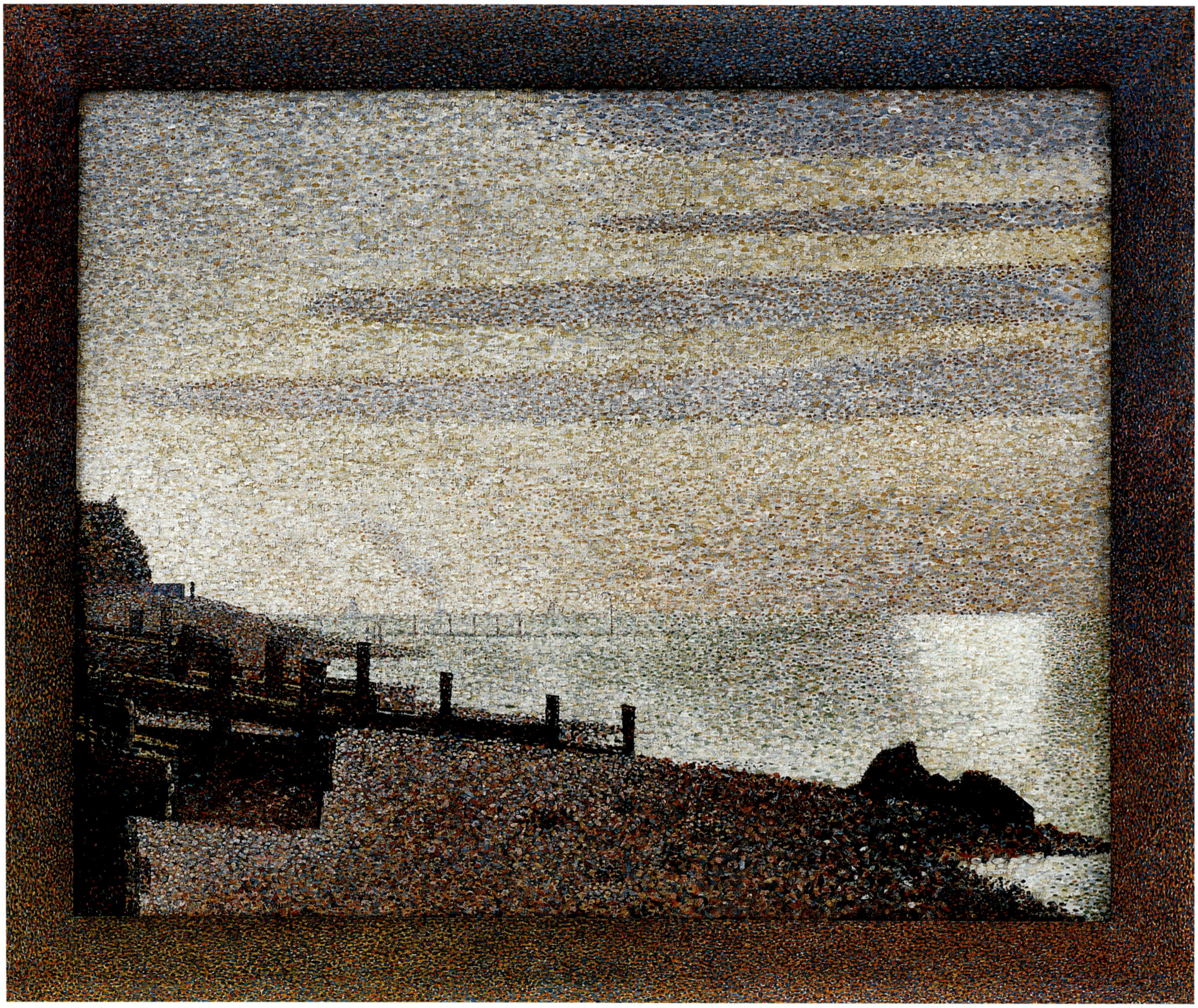

Entrée de l'avant-port, Port-en-Bessin, 1888
Huile sur toile, 54,9 x 65,1 cm
New York, The Museum of Modern Art

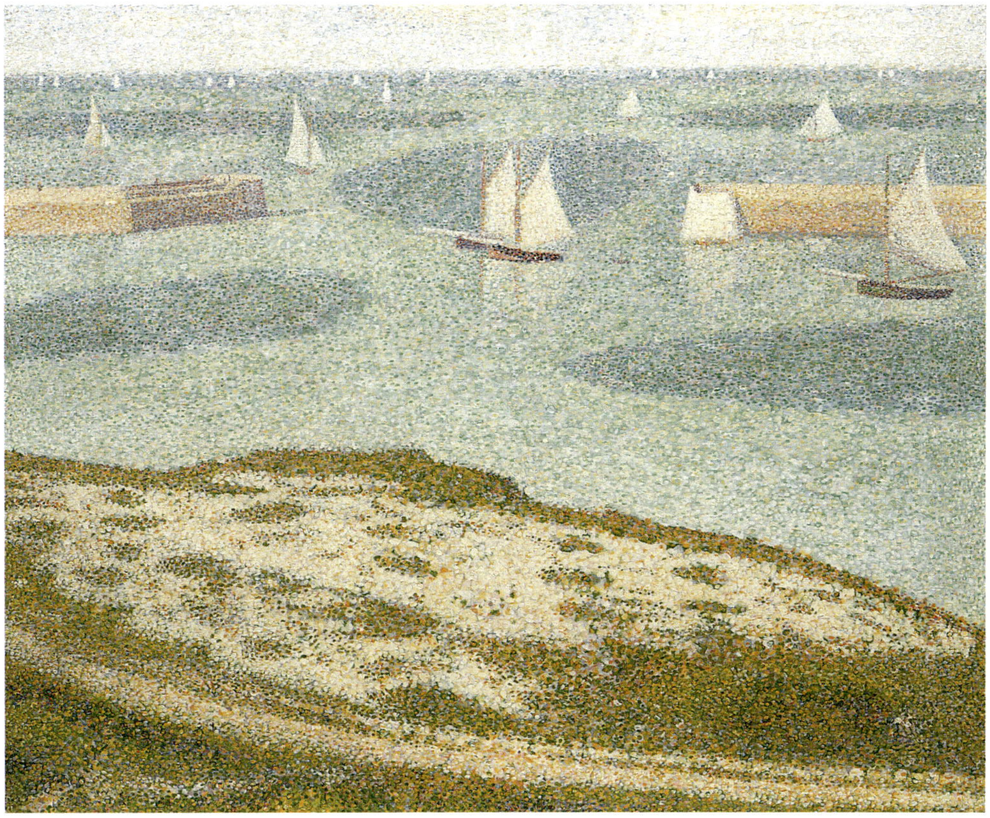

gage musical unissant étroitement musique et poésie, l'apport de leitmotiv et l'instrumentation d'une richesse inhabituelle enflammèrent l'imagination des cercles symboliques qui parlèrent d'un « art wagnérien » et y associèrent parfois la peinture de Seurat. Les marines de Signac par exemple, avec leurs titres issus de la musique (Opus n°) et leur désignation en majeur ou mineur, montrent bien à quel point on prit au sérieux ces théories sur la fusion de la musique et de la peinture. Seurat fréquentait certes de temps en temps ces écrivains et artistes romanesques mais, d'une façon générale, il ne partageait pas leurs transports romantiques. Le seul « leitmotiv » qu'il dit lui-même revenir dans ses marines est le *plus d'éclat*, la lumière en tant que métaphore de la liberté et de l'immensité, comme il l'affirma dans une lettre à Signac : « Et puis, que dire encore ? Ma foi, c'est tout pour aujourd'hui. Allons nous saouler de lumière encore une fois, ça console. »

Le tableau *Embouchure de la Seine, soir, Honfleur* (repr. p. 76) est particulièrement impressionnant et semble le pendant de la toile décrite plus haut, avec sa rive inclinée vers la droite. Le soleil du soir emplit le tableau d'une lumière chaude réfractée à laquelle correspond tout une série de nuances. Le rivage surtout présente dans ses grosses touches irrégulières un jeu chatoyant d'orange et de violet, contrebalancé par l'espace turquoise de la mer. Dans la vaste partie réservée au ciel, le jaune donne l'impression de dominer. Venant de la droite, de sombres bancs nuageux de couleur bleue sont ponctués d'orange, la teinte du soleil. Les quelques objets du tableau, comme les pilots et le rocher au premier plan, s'enchaînent en un rythme sereinement cadencé. Cette vue idyllique n'est pas dénuée, elle non plus, de référence au présent, comme l'indique à l'horizon la fumée d'un bateau à vapeur.

Ce tableau fait partie des trois tableaux dont le cadre peint a été conservé, cadre dont Seurat dotera toutes ses toiles ultérieures. Sa couleur devait être complémentaire à celles du tableau : le jaune dominant dans la toile, c'est donc

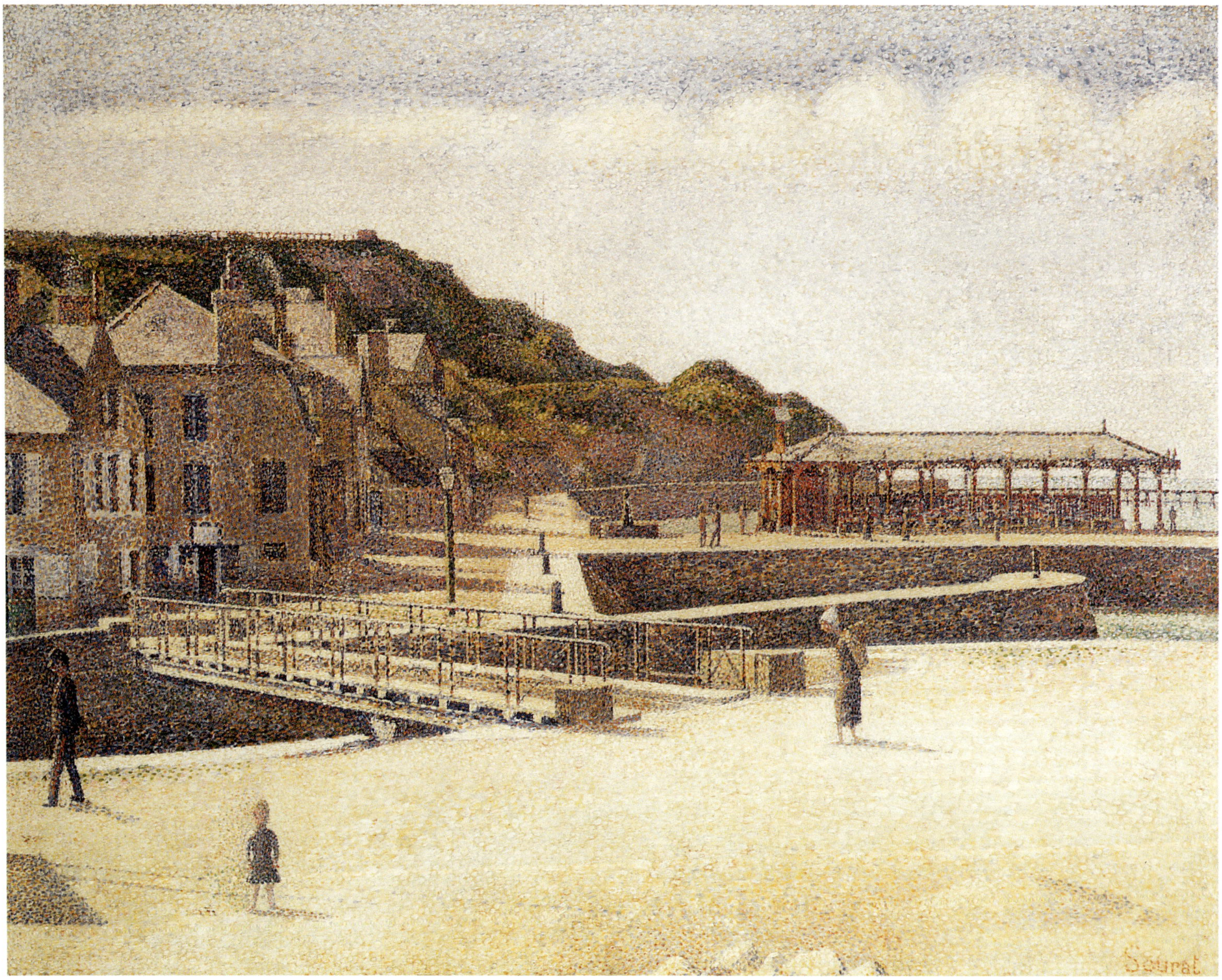

Port-en-Bessin, le pont et les quais, 1888
Huile sur toile, 67 x 84,5 cm
Minneapolis, MN, The Minneapolis Institute of Arts

le violet qui domine dans le cadre. Le contraste n'est nulle part trop fort ou désagréable car les couleurs du cadre ont une intensité et une clarté qui varient selon celles de la toile. Là où le tableau est clair, le cadre est foncé et vice versa. Les contrastes de clair-obscur entre la toile et le cadre suscitent une excitation optique dynamique qui prépare l'œil à l'effet de la lumière.

Le problème de l'encadrement des tableaux pointillistes avait été déjà soulevé par Fénéon lors du Salon des indépendants de 1886. Le cadre doré utilisé habituellement gâchait selon lui les tons délicats d'orange et de jaune du tableau et il préconisait le cadre blanc des impressionnistes. Seurat toutefois trouvait le contraste trop brutal entre les fines couleurs de sa toile et le cadre blanc, de sorte qu'il commença à pointiller le cadre de ses marines. Plus tard, il peignit également sur la toile une fine bordure qui devait renforcer les couleurs complémentaires des tons avoisinants.

Avec ses tableaux pittoresques de Honfleur, Seurat obtint pour la première fois l'approbation des critiques et du public. Concernant la peinture de paysages, le néo-impressionnisme fut considéré dès lors comme présentable. Durant l'été 1887, Seurat travailla sans interruption à ses grands tableaux de personnages *Les Poseuses* (repr. p. 52, 53) et *La Parade de cirque* (repr. p. 60/61). Ce n'est qu'en

PAGE 79 :
Port-en-Bessin, le pont et les quais (détail), 1888
Huile sur toile, 67 x 84,5 cm
Minneapolis, MN, The Minneapolis Institute of Arts

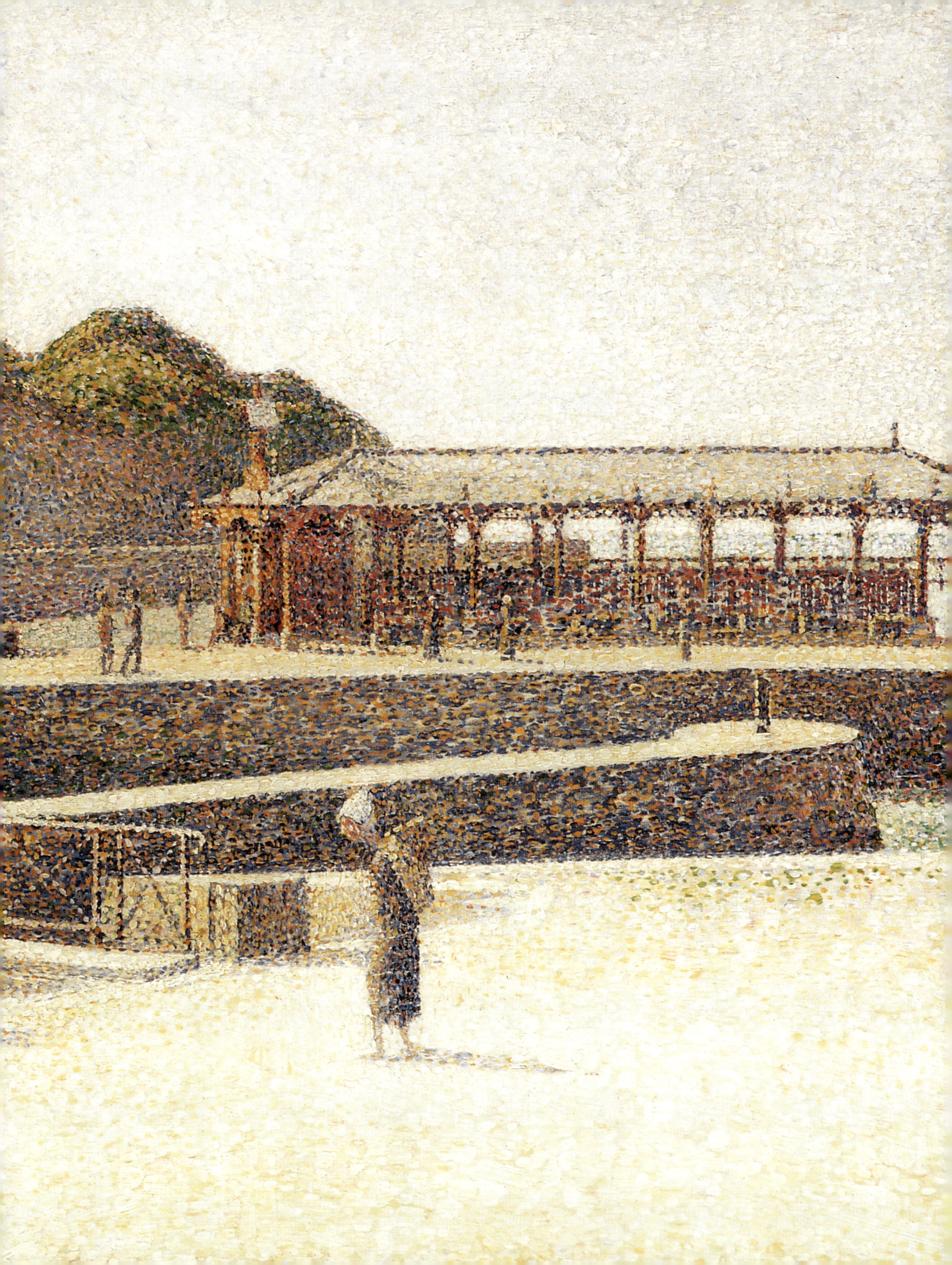

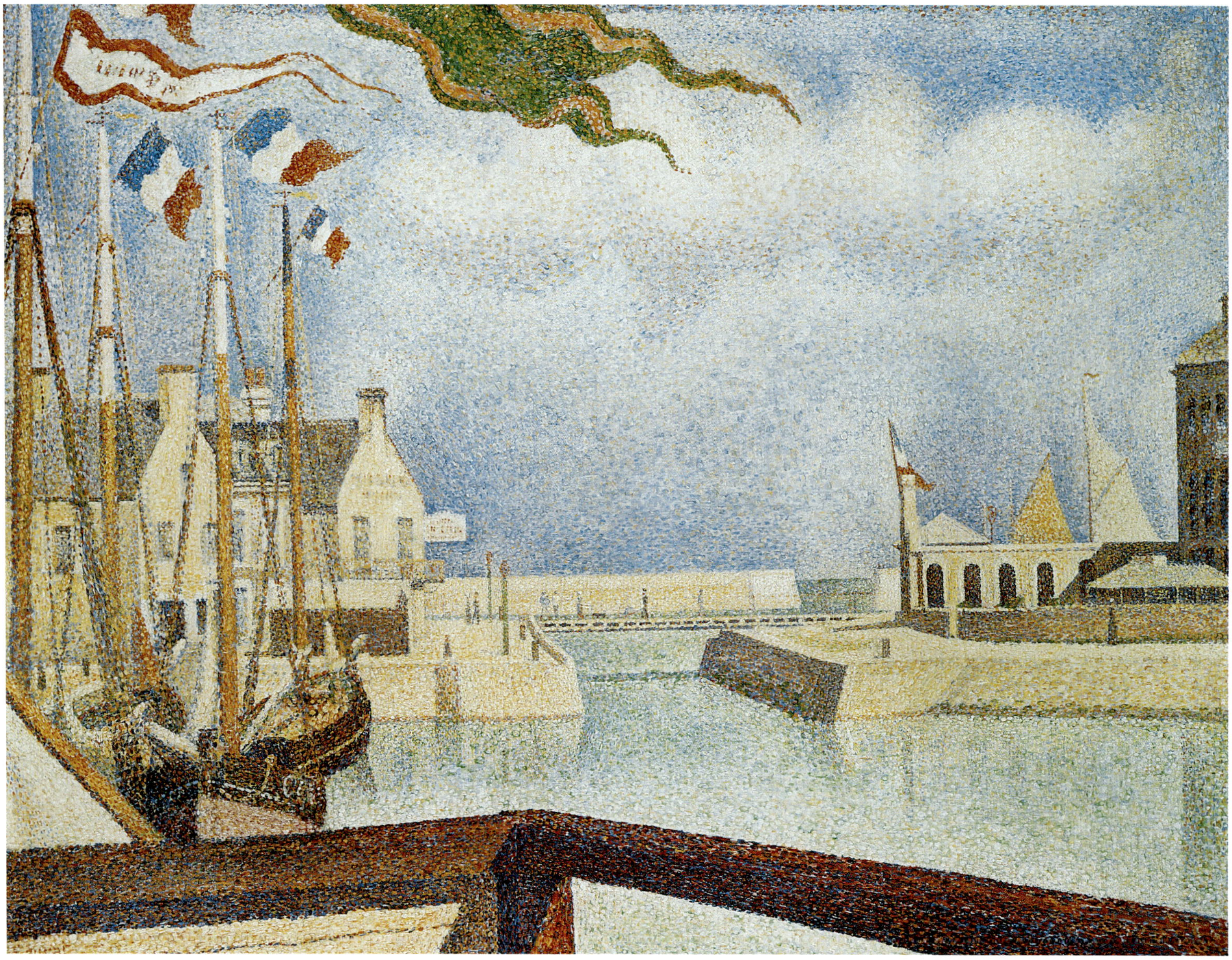

Dimanche, Port-en-Bessin, 1888
Huile sur toile, 66 x 82 cm
Otterlo, Kröller-Müller Museum

août 1888 qu'il se rendit de nouveau en Normandie. Il choisit cette fois Port-en-Bessin, déjà découvert par Signac en 1882 comme motif pour ses marines. Les tableaux commencés sur les lieux furent achevés à Paris pendant l'hiver 1888/89, puis présentés en lot de six marines à la sixième exposition des « Vingt » en février 1889. Bien que Port-en-Bessin fût un endroit encore moins spectaculaire que Grandcamp ou Honfleur, Seurat choisit dans quelques-uns de ces tableaux un point de vue surélevé sur le port afin d'éviter encore toute impression dramatique. La composition est influencée par les estampes japonaises qui, à l'époque, circulaient dans les cercles artistiques et mettaient à la mode de nouveaux principes d'agencements picturaux. Dans ces tableaux de Port-en-Bessin, la touche est plus fine que dans ceux de Honfleur. En raison de la fusion optique des petits points, ce sont les tonalités de gris et non plus les valeurs colorées qui dominent dans la toile.

Malgré le réalisme de la scène que l'on peut vérifier dans les cartes postales de l'époque, la toile *Port-en-Bessin, le pont et les quais* (repr. p. 78) a un aspect très artificiel comme si le repos dominical avait été conservé pour toujours sous un globe de verre. Derrière la grande place claire, un pont tournant dirige le regard du spectateur sur une rangée de maisons à la simplicité cubiste projetant des ombres longues et pointues. À l'arrière-plan, on aperçoit une haute falaise recouverte d'herbe au-dessus de laquelle s'étirent des nuages moutonnés. La construction à droite, le pavillon pour la criée, présente un petit air exotique. Ses piliers filigranes révèlent dans l'agrandissement une technique pointilliste remarquablement fine et une grande variété de nuances de tons que Seurat utilisa pour reproduire une impression lumineuse bien précise (repr. p. 79). Bien que cette toile contienne des personnages – trois figures rien que pour le premier plan, un douanier, une vieille femme portant une hotte et un enfant regardant hors du tableau –, ceux-ci ne contribuent pas à l'« animer », mais semblent prolonger les éléments architectoniques avec leur rigidité étrangère et leur représentation naïve. Cette impression de « temps suspendu » est renforcée par les ombres abstraites des figures et des maisons, qui confèrent au tableau une atmosphère mystérieuse évoquant la peinture métaphysique de Giorgio De Chirico (1888–1978).

Une atmosphère identique règne dans la toile *Dimanche, Port-en-Bessin* (repr. p. 80). Du haut d'une balustrade, le regard plonge sur le bassin du port avec son passage vers la rade et la mer tout au fond. Seurat se sert de l'architecture du port pour scander le rythme musical du tableau. La balustrade du premier plan introduit le thème. Deux maisons de même apparence donnent un rythme qui est repris par les niches du mur et se concentre dans le grand bloc foncé d'un entrepôt au bord du tableau. Seurat a placé en contrepoint les taches rouges, bleues et vertes des drapeaux flottant en haut des mâts des chalutiers. Seul le mouvement des vagues vient interrompre la composition en angle annonçant ainsi les lignes courbes caractéristiques de son œuvre tardive.

Le tableau *Entrée de l'avant-port, Port-en-Bessin* (repr. p. 77) montre à quel point Seurat pouvait rendre abstraite une représentation par ailleurs naturaliste et obtenir une composition compacte et cohérente. Le regard plonge sur une bande côtière sablonneuse recouverte de touffes d'herbe qui apparaissent sous forme d'îlots sombres dans le sable clair. Seurat a ainsi structuré le premier plan de la même manière que l'espace de la mer sur lequel se reflète l'ombre des nuages en taches sombres et ovales. Ce qui est remarquable également dans le tableau, c'est l'impression de profondeur obtenue, malgré une ornementation soulignant la planéité, par une répartition judicieuse des voiliers qui se perdent progressivement dans le lointain. Cette composition ornementale évoque de nouveau les estampes japonaises, mais aussi le désir croissant de stylisation et d'abstraction de l'avant-garde parisienne, tel qu'on peut le constater chez beaucoup d'artistes néo-impressionnistes, comme les Nabis par exemple.

Cette phalange d'artistes apparue en 1888 autour de Paul Sérusier (1864–1927) comprenait des élèves de l'Académie Julian comme Maurice Denis (1870–1943) et Henri-Gabriel Ibels (1867–1936) auxquels se joignirent entres autres Édouard Vuillard (1868–1940) et Pierre Bonnard (1867–1947). L'objectif de ce groupe était de créer un style décoratif favorisant les aplats qui s'opposerait aux formes dissoutes de l'impressionnisme. Le nom qu'ils se donnèrent, les Nabis (prophètes en hébreu), devait symboliser l'orientation mystique et religieuse des artistes dont les échanges s'effectuaient toujours à un niveau philosophique et intellectuel.

Après la sixième exposition des indépendants, Seurat partit pour une dernière fois à la mer en été 1890. Les jalousies au sein du groupe des néo-impressionnistes risquaient de provoquer sa dissolution et Pissarro avait déjà abandonné la technique minutieuse. Les toiles que Seurat venait de réaliser, *Le Chahut* (repr. p. 71) et *Jeune femme se poudrant* (repr. p. 57), furent critiquées. L'artiste menait depuis peu une vie retirée avec Madeleine Knobloch et son enfant dans un atelier du Passage de l'Élysée-des-Beaux-Arts. Pourtant, malgré ces circonstances accablantes, Seurat peignit à Gravelines quatre marines pleines de lumière et de pureté. La géométrie picturale de ces huiles semble encore plus calme et sereine que celle des marines antérieures. Rochers et végétation ont disparu. La composition est orchestrée à partir de quelques éléments soigneusement placés, surtout des bateaux. Tous les tableaux présentent une bordure tachetée de couleur sombre peinte sur la toile. Le cadre coloré n'a été conservé que pour *Le Chenal de Gravelines, Petit Fort-Philippe* (repr. p. 74) qui complète par ses teintes et ses contrastes le chromatisme de la toile. Ici, Seurat a atteint une clarté et une tranquillité allant bien au-delà des objectifs néo-impressionnistes et annonçant les tendances de l'abstraction dans l'art. Le regard glisse au-dessus du chenal avec ses bateaux de pêche familiers pour se diriger vers le village de Petit Fort-Philippe, fermé à gauche par la silhouette élancée du phare. Une jetée court vers la droite en s'amenuisant, régulièrement ponctuée de bollards dont le premier est placé exactement sur l'axe central du tableau. Un voilier blanc marque le milieu de la toile. La jetée qui forme une légère courbe ascendante de gauche à droite semble se référer à la théorie de Charles Henry, selon laquelle

Port-en-Bessin, avant-port, marée haute, 1888
Huile sur toile, 66 x 82 cm
Paris, Musée d'Orsay

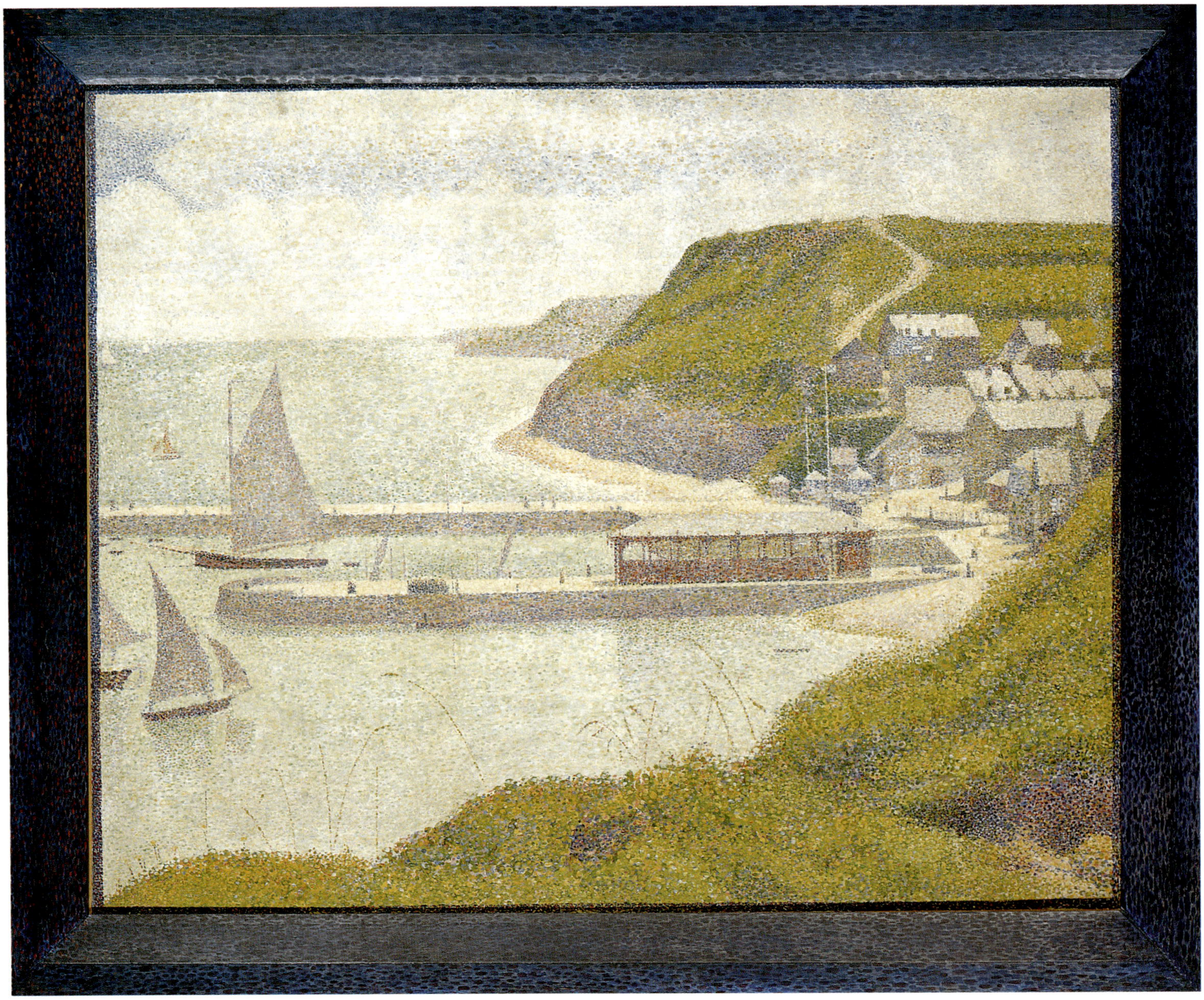

Le Chenal de Gravelines, un soir, 1890
Huile sur toile, 65,4 x 81,9 cm
New York, The Museum of Modern Art
Gift of Mr. and Mrs. William A. M. Burden

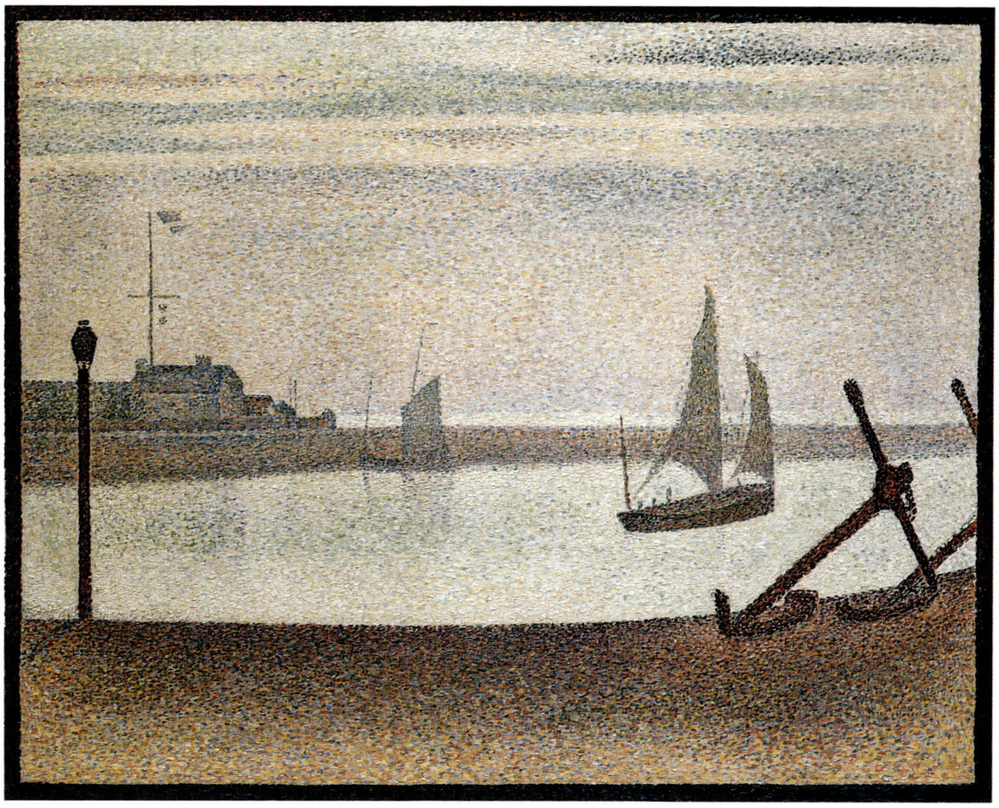

les lignes se dirigeant vers le haut ainsi que les angles montrant vers la droite sont très «dynamogènes». Les couleurs de la jetée, le jaune, l'orange et le rouge contribuent également à cet effet. Le vert-bleu complémentaire de la surface de l'eau souligne l'atmosphère du petit matin. Comme il l'avait fait la plupart du temps, Seurat ramena de ses vacances d'été une impression crépusculaire, qui semble ici être le pressentiment de sa fin proche alors qu'il se trouvait au zénith de sa carrière de peintre.

Le Chenal de Gravelines, un soir (repr. p. 83) représente une vue sur une jetée déserte et, au-delà du chenal, sur la mer. Cette vue est limitée à gauche par une lanterne et à droite par deux ancres placées parallèlement. Au fond à gauche, on aperçoit une maison avec un sémaphore dont la verticale est reprise par un voilier accosté tout près. Vers la droite, un plus grand voilier se dirige vers la mer. Dans la tradition du peintre romantique Caspar David Friedrich (1774–1840), on pourrait interpréter ce motif comme symbole de mort et de transcendance, d'autant plus que les dessins qui en font partie montrent que les bateaux prennent une direction identique pour gagner le large. Les nuances de rouge et de vert modulent la lumière en dégradés subtils. Le calme des verticales est interrompu par les ancres inclinées vers la droite qui indiquent au voilier la direction à prendre, un voyage dans l'inconnu.

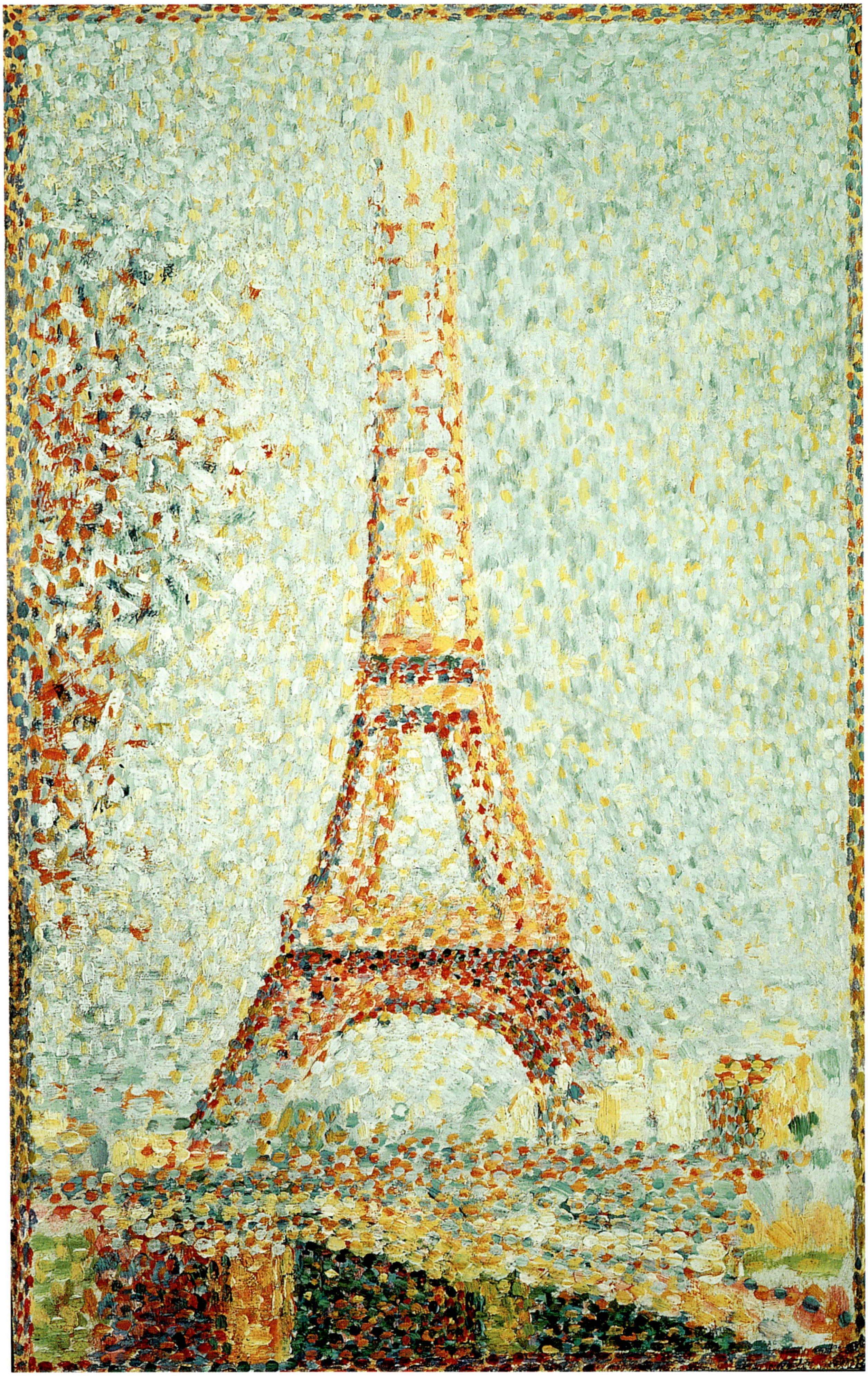

Un petit point lourd de conséquences

En 1891, Seurat fut emporté par une angine infectieuse contractée à la suite d'un refroidissement en accrochant *Le Cirque* aux Indépendants. Cette mort subite plongea dans le désarroi ses amis et adeptes qui le considéraient comme un grand innovateur dans le domaine de la peinture. Sa mort précoce réduisait à néant les nombreux plans et idées qu'il n'avait confiés qu'à un petit nombre d'amis.

Pourtant, nul ne pouvait ignorer les tensions et les jalousies mesquines qui régnaient dans le groupe des néo-impressionnistes. Elles avaient même incité Seurat, l'année précédente, à écrire à Fénéon une lettre cinglante dans laquelle il défendait avec acharnement son rôle prédominant dans l'invention du pointillisme. Fénéon avait en effet rédigé un essai sur Signac (*La Peinture Optique : Paul Signac*) et avait décrit le mélange optique et les théories de la couleur sans même dire un seul mot sur Seurat.

Fénéon s'était surtout allié à Signac parce que celui-ci avait collaboré très tôt avec Charles Henry, théoricien d'art érudit, que Fénéon admirait tant qu'il écrivit un compte rendu enthousiaste sur ses théories. Percevant une menace dans l'influence massive exercée par Henry, Seurat se garda bien de le mentionner dans son « Esthétique », même si certaines formules renvoient à Henry et qu'il est prouvé que ses tableaux ont pris en compte ses théories. Seurat se considérait comme le précurseur d'une peinture scientifique basée sur des fondements objectifs et des règles immuables.

Peint par Seurat en 1889, un petit tableau de la tour Eiffel (repr. p. 84), inachevé à l'époque, est révélateur à cet égard. La tour était encore recouverte d'une couche brillante d'émail, ce qui remplit d'horreur les artistes conservateurs. Seurat enveloppe la tour aux diagonales ascendantes d'une nuée de touches rouges et jaunes (dynamogènes) qui établissent une analogie formelle entre la nouvelle construction aux éléments préfabriqués et le pointillisme – Seurat lui aussi se sert d'un répertoire d'éléments bien déterminé (points et lignes) pour construire l'ensemble. Le choix du motif révèle clairement sa foi dans la technique et le progrès auxquels il voulait contribuer avec sa méthode dans le domaine de l'art. Pourtant, sa conception de l'art n'est pas une confiance naïve dans le sens du positivisme régnant à l'époque. Seurat et ses amis étaient plutôt les adeptes d'une esthétique psycho-physiologique. Ils étaient persuadés que le rythme des couleurs et des formes dans le tableau avait une incidence directe sur la psyché et exacerbait la sensibilité, qu'il « formait » l'homme de l'intérieur et l'anoblissait, une opinion qui fut plus tard l'une des idées centrales des peintres abstraits.

Pourtant, sans Seurat et son esprit investigateur, le mouvement néo-impressionniste serait resté peu convaincant autant en France qu'en Belgique, même si

PAGE 84 :
La Tour Eiffel, 1889
Huile sur toile, 24,1 x 15,2 cm
San Francisco, The Fine Arts Museum of San Francisco

beaucoup de peintres ont eu recours à ce style de façon plus ou moins superficielle. Même Camille Pissarro (1830–1903) qui, au début, croyait fermement au divisionnisme et réalisa quelques-unes de ses meilleures œuvres avec cette technique (repr. p. 88), en fut déçu et l'abandonna bientôt pour retourner à ses paysages impressionnistes.

C'est à Paul Signac (1863–1935) qu'incomba la tâche de combler ce vide douloureux. Après un moment de découragement où il se retira en Bretagne, l'artiste reprit le travail et réalisa, surtout à partir de 1895, une série de chefs-d'œuvre dans lesquels les paysages du Midi de la France apparaissent dans des compositions aux couleurs incandescentes. Ces tableaux présentent une nouvelle caractéristique, à savoir des coloris resplendissants, fortement contrastés et parfaitement autonomes qui, parce qu'ils sont apposés en touches de la grosseur d'une pièce de mosaïque, intensifient d'autant mieux le chromatisme des complémentaires (repr. p. 87). La deuxième caractéristique concerne la relation avec la nature. Si celle-ci est encore une condition sine qua non pour Seurat, elle ne signifie plus pour Signac qu'une simple source de motifs pour ses symphonies de couleur réalisées en atelier.

En 1899 parut le livre de Signac *De Delacroix au néo-impressionnisme* dans lequel il exposait la technique picturale des néo-impressionnistes en se référant à ses précurseurs (Delacroix, les impressionnistes) et aux théoriciens de son époque (Chevreul, Blanc, John Ruskin, Rood). Il évoque certes le «mélange

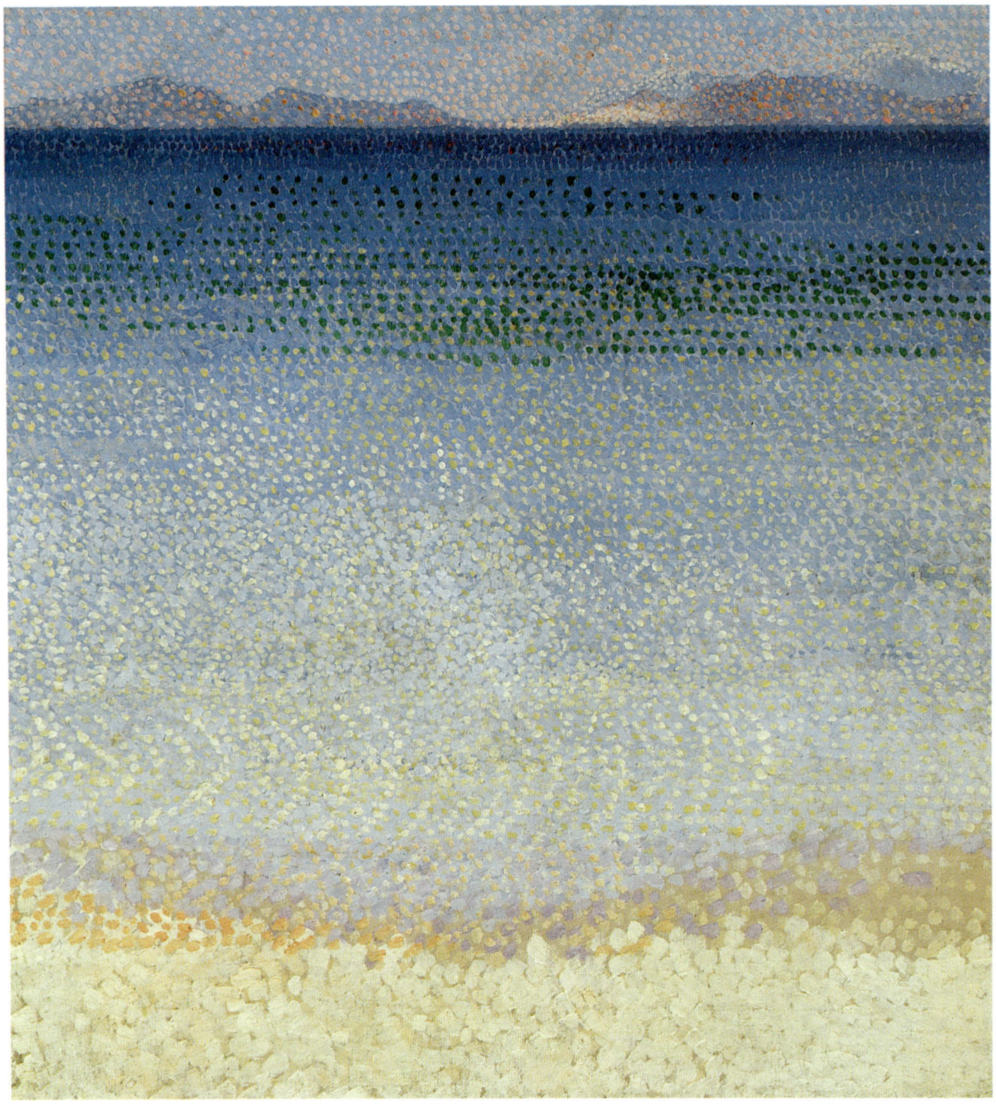

Henri Edmond Cross
Les Iles d'Or, 1891–1892
Huile sur toile, 60 x 55 cm
Paris, Musée d'Orsay

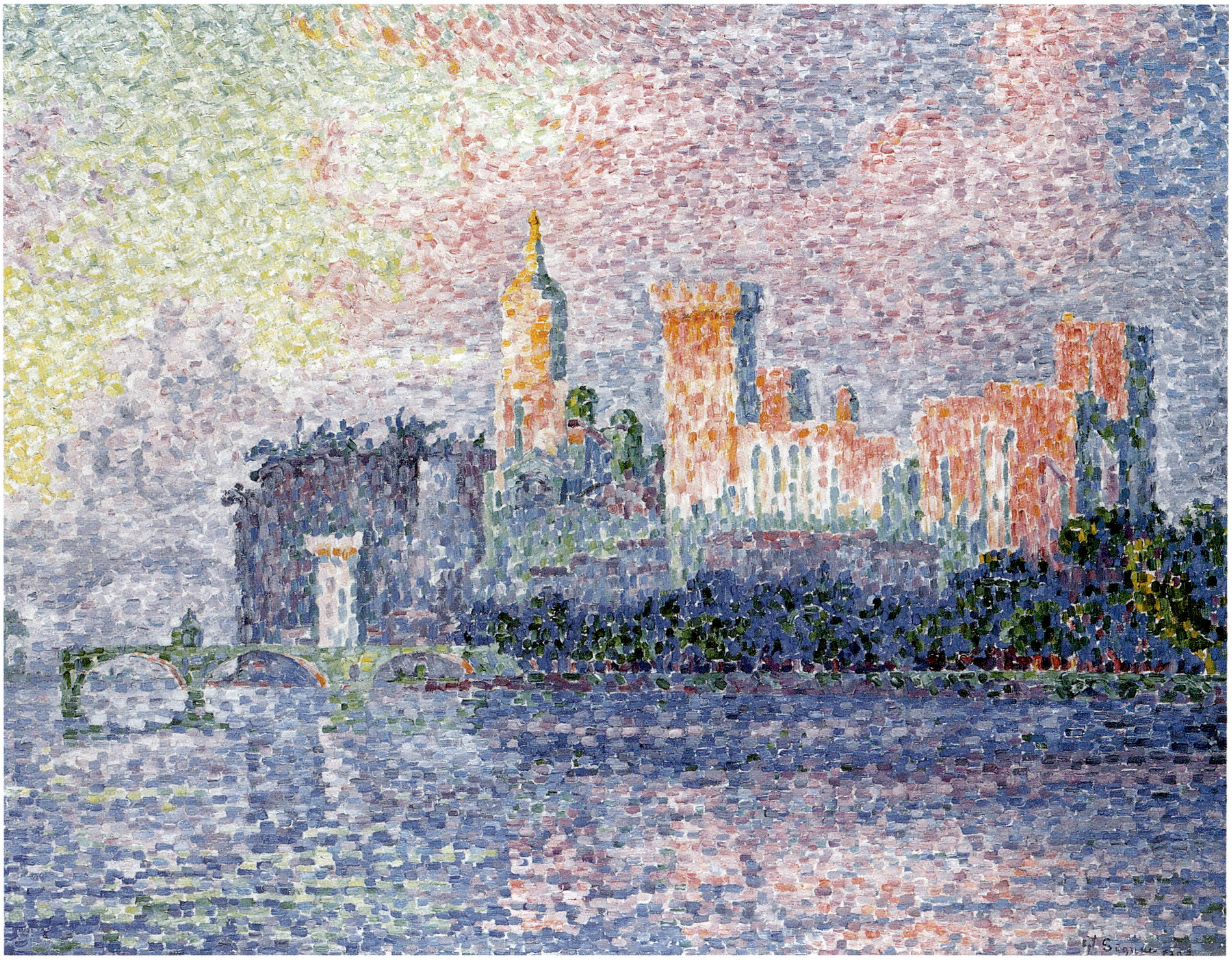

Paul Signac
Le Palais des papes à Avignon, 1900
Huile sur toile, 73,5 x 92,5 cm
Paris, Musée d'Orsay

optique», mais contrairement à ses écrits antérieurs, il ne l'associe plus uniquement au pointillisme. La touche divisée ne doit pas nécessairement être un petit point pour créer des harmonies de couleurs. Selon Signac toutefois, l'objectif premier de la peinture néo-impressionniste est de rapprocher le plus possible les couleurs de la lumière et d'obtenir la plus grande luminosité sans mélanger les tons sur la palette. La couleur s'éloigne ainsi nettement de l'observation de la nature, devenant une tonalité «épurée», autonome et distincte de l'objet, comme on le constate dans les tableaux réalisés à cette époque par Signac ou Henri Edmond Cross (1856–1910; repr. p. 86).

La palette de Cross est elle aussi lumineuse et riche en contrastes, les touches sont larges et de même valeur. Elles transcendent le rapport avec l'objet pour déployer leur propre dynamique dans des arabesques libres et des mouvements fluides.

Ce caractère direct des références formelles et colorées impressionna également Henri Matisse (1869–1954). Passant l'été 1904 chez Signac à Saint-Tropez, Matisse en profita pour rendre plusieurs fois visite à Cross qui habitait dans les environs, à Saint-Clair. Le tableau *Luxe, calme et volupté* (repr. 90), qu'il commença à ce moment et acheva en hiver, démontre avec sa touche divisionniste et son chromatisme intense l'influence de Signac et de Cross.

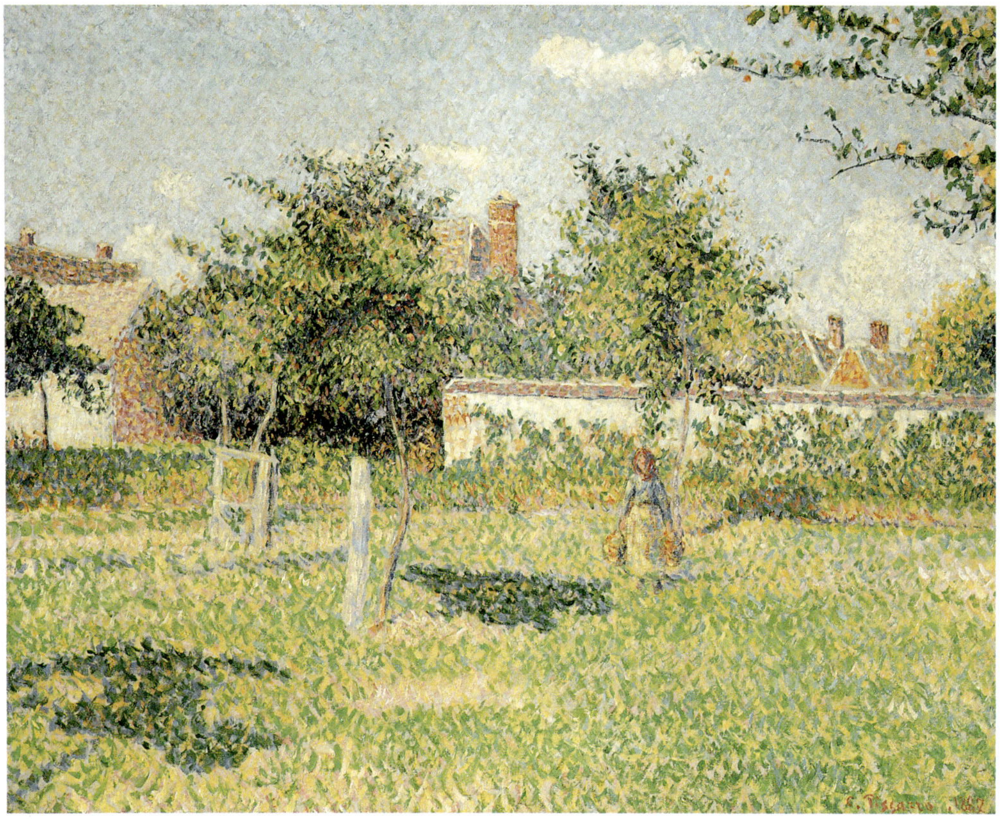

Camille Pissarro
Femme dans un clos, soleil de printemps dans le pré à Éragny, 1887
Huile sur toile, 54,5 x 65 cm
Paris, Musée d'Orsay

(Toutefois, les mouvements et contrastes ne sont plus reliés chez Matisse à un vaste agencement pictural, mais sont encore plus directes et plus riches en contrastes, le fond blanc renforçant les mouvements colorés. Matisse condensa plus tard les petits points colorés en surfaces plus étendues et intensifia la dynamique et l'ambiguïté des contrastes sans jamais abandonner les motifs figuratifs.)

C'est d'une façon semblable que Paul Gauguin (1848–1903) et les Nabis développèrent l'autonomie de la couleur en réalisant dans le tableau une synthèse indépendante des formes et des couleurs observées sur le motif. Peint par Paul Sérusier à l'issue d'entretiens avec Gauguin en 1888, *Le Bois d'Amour* (1888 ; Paris, Musée d'Orsay), qui deviendra le *Talisman* pour ses amis, devint le modèle de la peinture synthétique des Nabis (Maurice Denis, Édouard Vuillard, Pierre Bonnard, etc.). Il s'agit d'une libre composition de couleurs où les tons locaux s'intensifient en violents contrastes.

C'est sans doute Robert Delaunay (1885–1941) qui tira les conséquences les plus radicales des théories du pointillisme en construisant sa composition rien qu'à partir de contrastes de couleurs comme le montre la série des *Fenêtres* réalisée à partir de 1912. Dans ses tableaux peints en 1906/1907, influencés par le néo-impressionnisme, Delaunay s'inspira de Signac et de Cross pour créer une mosaïque de mouvements colorés à partir de petites cellules de couleurs fortement contrastées. Le *Paysage au disque* (repr. p. 92) montre le choc violent d'accents de couleur qui incitent l'œil à des mouvements rapides au cours desquels les couleurs en se heurtant se modifient à tour de rôle et se déstabilisent. Le centre blanc, entouré d'anneaux violets et appelant ainsi le jaune complémentaire (le soleil) d'une façon purement physiologique dans le processus de la vision, témoigne aussi de ses connaissances de la théorie néo-impressionniste et, probablement, du livre de Signac. Delaunay reprend également dans ses écrits le terme de « contraste simultané » forgé par Chevreul, mais le charge d'une nouvelle signification qui va au-delà de la perception optique. La simultanéité des stimulus colorés interagissant devient pour lui un modèle du « mouvement vital du monde ». Pour Delaunay, les phénomènes de la couleur deviennent les phénomènes du monde. Le processus de la vision déclenche un processus d'analogie qui va se perdre dans les hauteurs métaphysiques. Toutefois, cette élévation de la « couleur pure » au rang d'instrument permettant d'appréhender le monde est quasiment dénuée de fondement scientifique chez Delaunay. Hormis quelques références ici et là à Chevreul et Rood, ses écrits ne contiennent pas de théories complexes des couleurs pour le « mouvement synchrone de la lumière ».

Les futuristes italiens, concurrents de Delaunay dans l'élaboration du mouvement simultané de la couleur, avaient connu, eux aussi, leur phase néo-impressionniste avant de propager bruyamment à Paris leur contribution à l'art moderne. Mais même en ces temps fiévreux où l'on voulait donner à la peinture un nouvel élan, un artiste comme Giacomo Balla (1871–1958) se souvenait de ses racines et représentait à partir de taches colorées une suite rythmique de mouvements que les futuristes construisaient d'habitude à partir de formes cristallines. Pourtant, la valeur propre de la couleur est ici refoulée par les répétitions et les modifications. Chez Balla, ce n'est pas l'énergie du contraste qui importe, mais la dynamique qui active les taches de couleur.

La Luzerne, Saint-Denis, vers 1884–1885
Huile sur toile, 65 x 81 cm
Édimbourg, National Gallery of Scotland

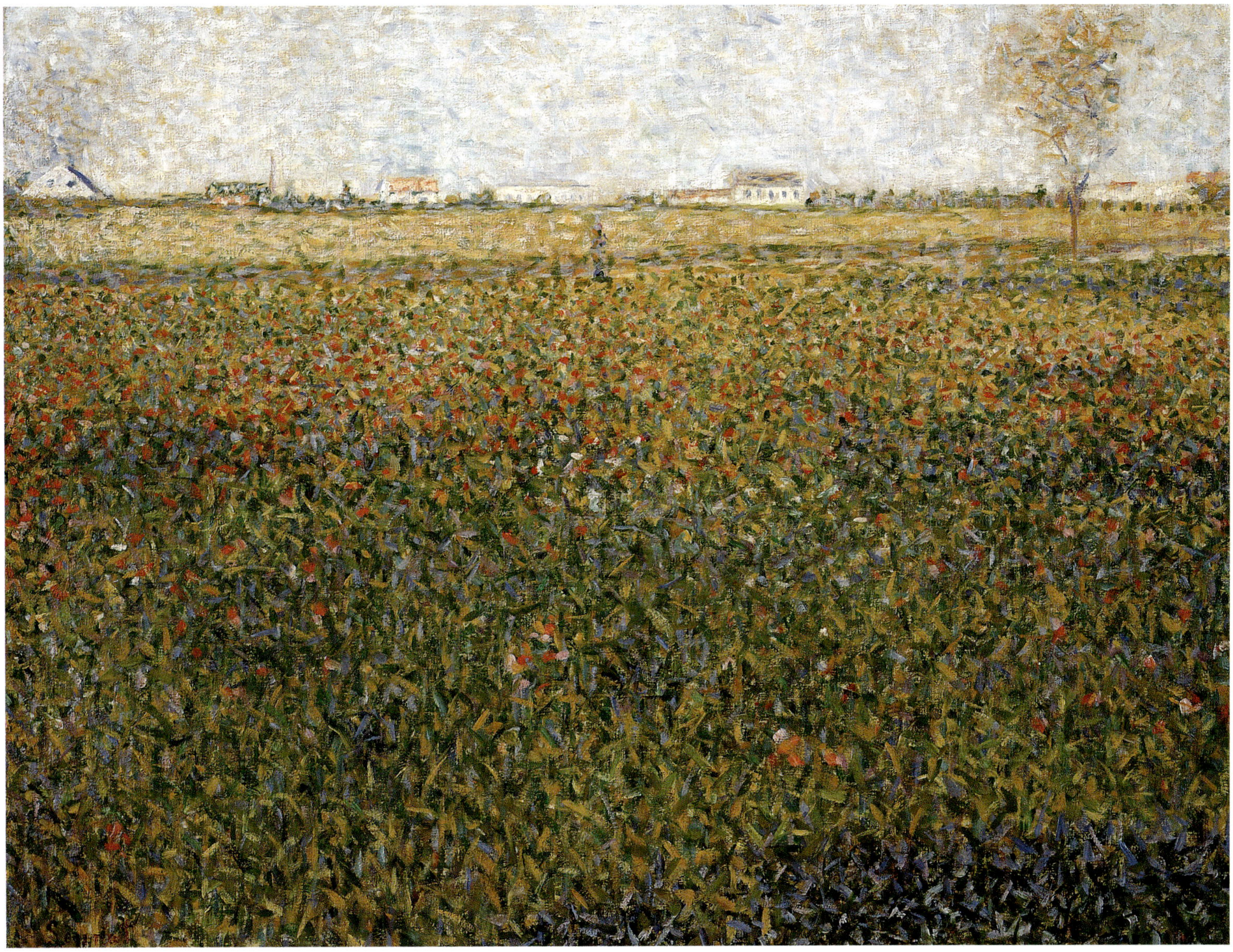

En l'espace de quelques années, le « deuxième néo-impressionnisme » de Signac avait donné naissance à une nouvelle façon de peindre aux couleurs prismatiques et aux formes cellulaires, à laquelle eurent recours, du moins temporairement, de nombreux artistes à travers toute l'Europe afin de parvenir, par la division de la couleur et du motif, à leur propre style. Ce faisant, la tendance à l'abstraction déjà observée chez Seurat se fit de plus en plus forte jusqu'au moment où elle devint un objectif artistique au début du XXe siècle. Aussi bien Vassily Kandinsky (1866–1944) que Piet Mondrian (1872–1944) traversèrent une courte phase d'orientation néo-impressionniste avant d'emprunter la voie de la couleur pure et de la forme autonome. Ceci n'est pas, bien sûr, dû uniquement à Signac qui, au cours de sa longue vie, présenta ses œuvres dans de nombreuses expositions européennes. Pourtant, ce furent surtout ses tableaux aux couleurs vives, réalisés à partir de 1895, qui montrèrent le chemin de la couleur autonome et non pas les tableaux de Seurat qui, par comparaison, semblaient grisâtres et formels. Du vivant de Seurat, des critiques, et parmi eux Signac, s'étaient heurtés à sa théorie qui n'était pas en harmonie avec les résultats attendus.
On oubliait que le dessein de Seurat n'était pas l'application dogmatique de la technique pointilliste qui, peu de temps après sa mort, fut transformée de façon individuelle par la plupart des néo-impressionnistes en grande taches ou en mouchetage irrégulier, mais la synthèse des éléments en une harmonie équilibrée, immanente au tableau, comme le montrent ses meilleures œuvres. Après de longues années durant lesquelles il ne fut pas estimé à sa juste valeur ou fut tout simplement oublié, nous avons réappris à ne pas considérer l'œuvre de Seurat comme l'héritage d'un esthète cérébral qui n'a pas obtenu tout ce qu'il désirait, mais comme une contribution capitale au traitement de la peinture en tant que « science picturale », que le XXe siècle a su faire fructifier de différentes manières (dans la peinture analytique, radicale ou essentielle par exemple).

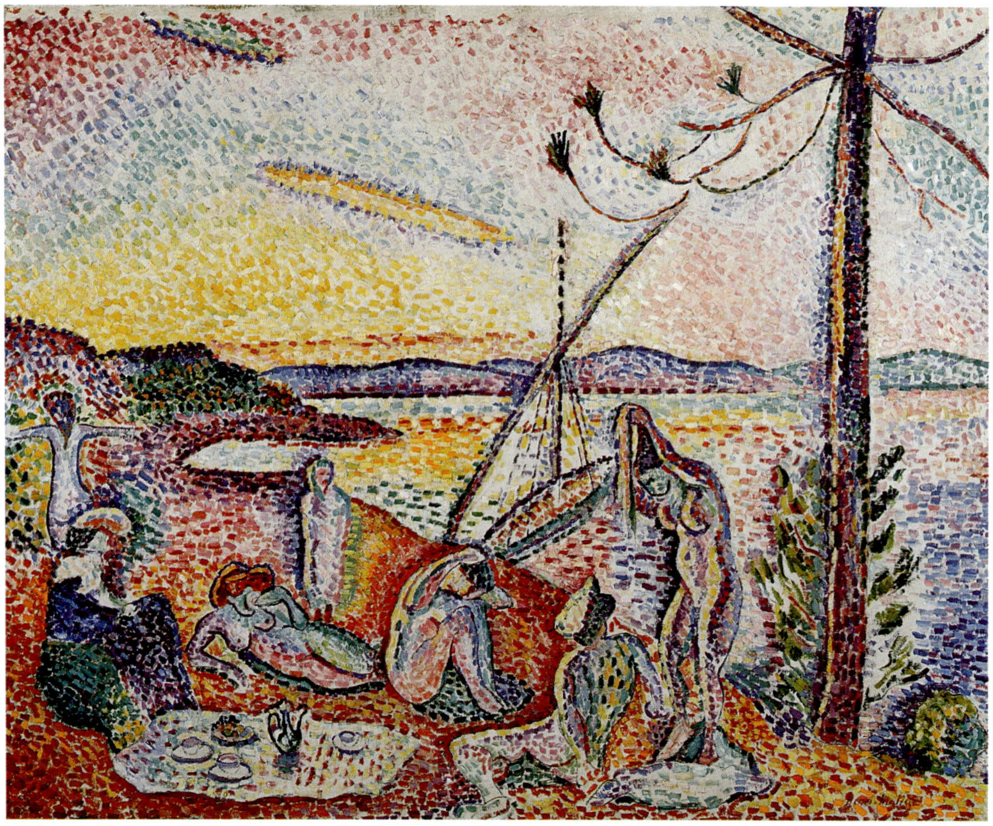

Henri Matisse
Luxe, calme et volupté, 1904
Huile sur toile, 98,5 x 118,5 cm
Paris, Musée d'Orsay

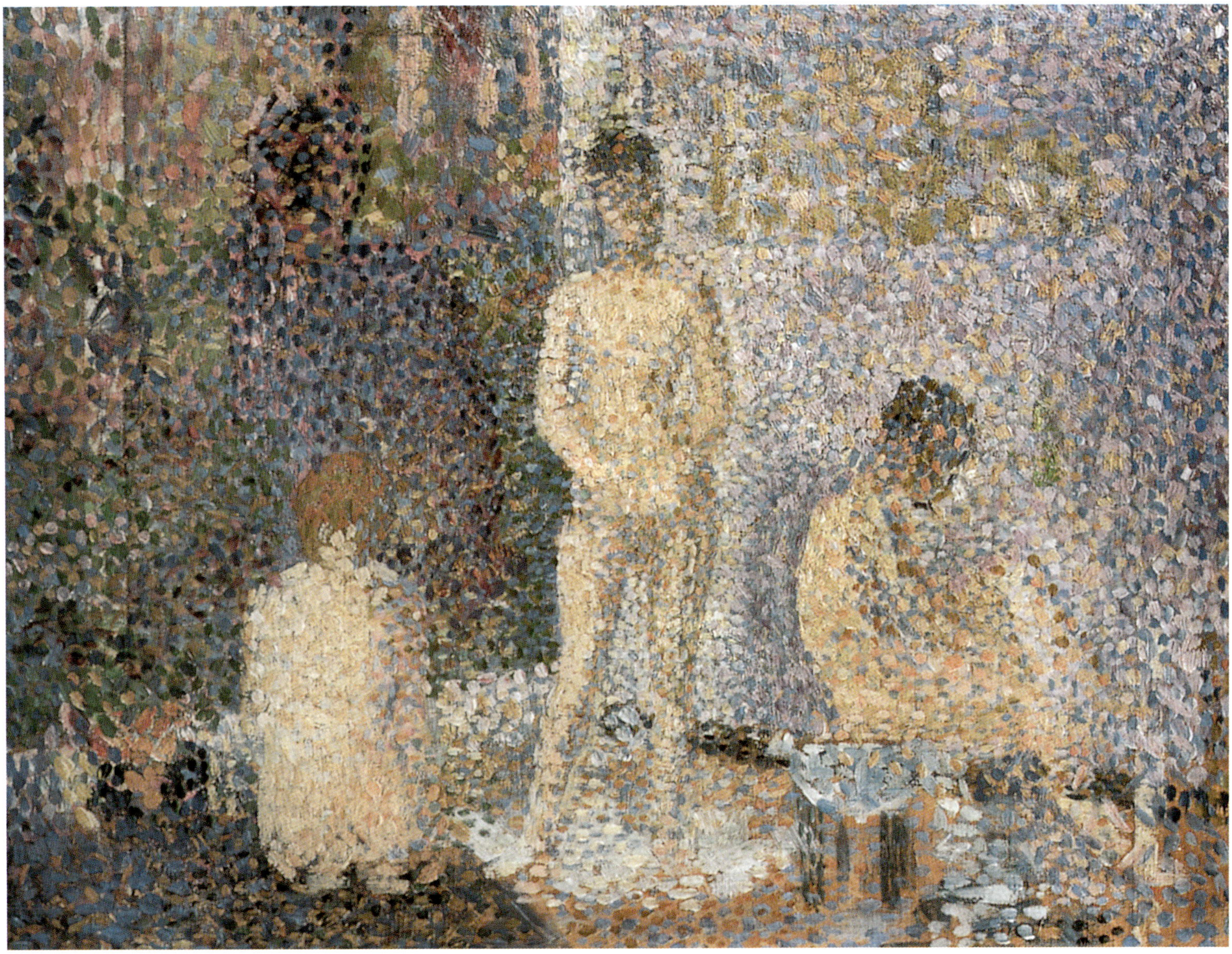

Petite étude pour ***Les Poseuses***, 1887
Huile sur bois, 15,5 x 21,5 cm
Collection particulière

Si l'on veut juger de l'importance de Seurat pour l'évolution de l'art moderne, il faut d'une part considérer ses tableaux comme une conséquence inéluctable d'une technique dérivée de l'impressionnisme et, d'autre part, tenir compte des approches et des aspects différents de son œuvre tout entière. La volonté de styliser et de conférer un rythme aux formes des objets caractérise déjà son œuvre de jeunesse faisant de lui un précurseur de l'Art nouveau et de l'Art Déco. L'autonomie des moyens picturaux qu'il a obtenue à partir d'une observation exacte de la nature et des recherches théoriques poussées, a toutefois un impact encore plus important. Elle conduit au futurisme et au cubisme, en passant par Matisse et le fauvisme, pour aboutir finalement à l'abstraction. Les œuvres de Robert Delaunay, d'Oscar Schlemmer (1888–1943), de Piet Mondrian et du groupe hollandais De Stijl témoignent dans le caractère absolu des lois structurelles « abstraites » de l'ascendant du grand précurseur.

Dans « Vestigia Flammae », Henri de Régnier a fait un portrait de Seurat, le plus ressemblant de tous selon Fénéon :

« Seurat, une âme ardente et haute était en vous …
Je me souviens. Vous étiez grave, calme et doux,
Taciturne, sachant tout ce que la parole

Gaspille de nous-mêmes en sa rumeur frivole.
Vous écoutiez sans répondre, silencieux
D'un silence voulu que démentaient vos yeux
Mais si votre art était sujet de la querelle
Un éclair animait votre regard rebelle,
Car vous aviez en vous, conçu avec lenteur,
Seurat, votre obstination de novateur
Auprès de quoi rien ne prévaut et rien n'existe
Cette obstination qui fait le grand artiste. »

Qu'ajouter de plus ?

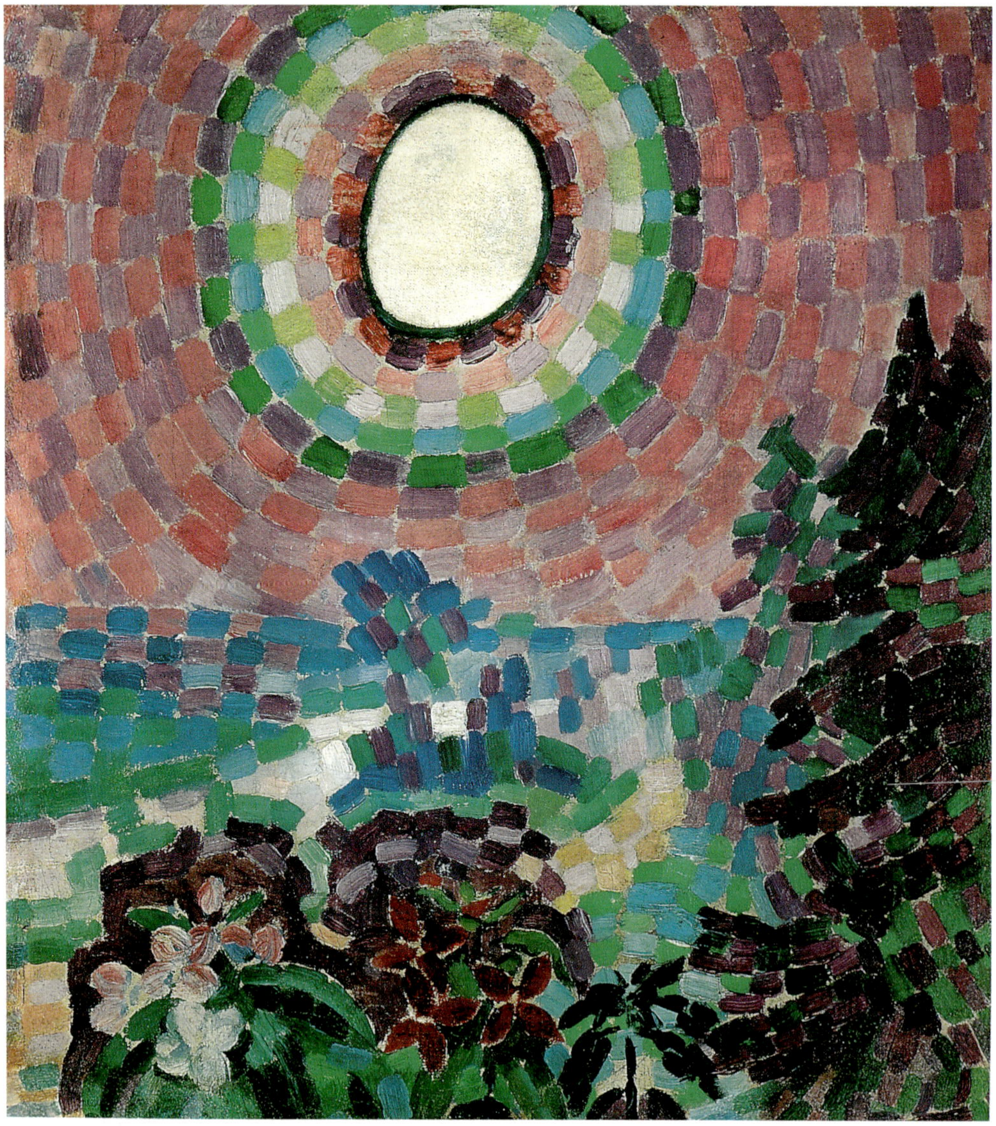

Robert Delaunay
Paysage au disque, 1906
Huile sur toile, 55 x 46 cm
Paris, Musée national d'art moderne,
Centre Georges Pompidou

PAGE 93 :
Le Couple (étude pour ***La Grande Jatte***), 1884
Huile sur toile, 81 x 65 cm
Cambridge, Fitzwilliam Museum

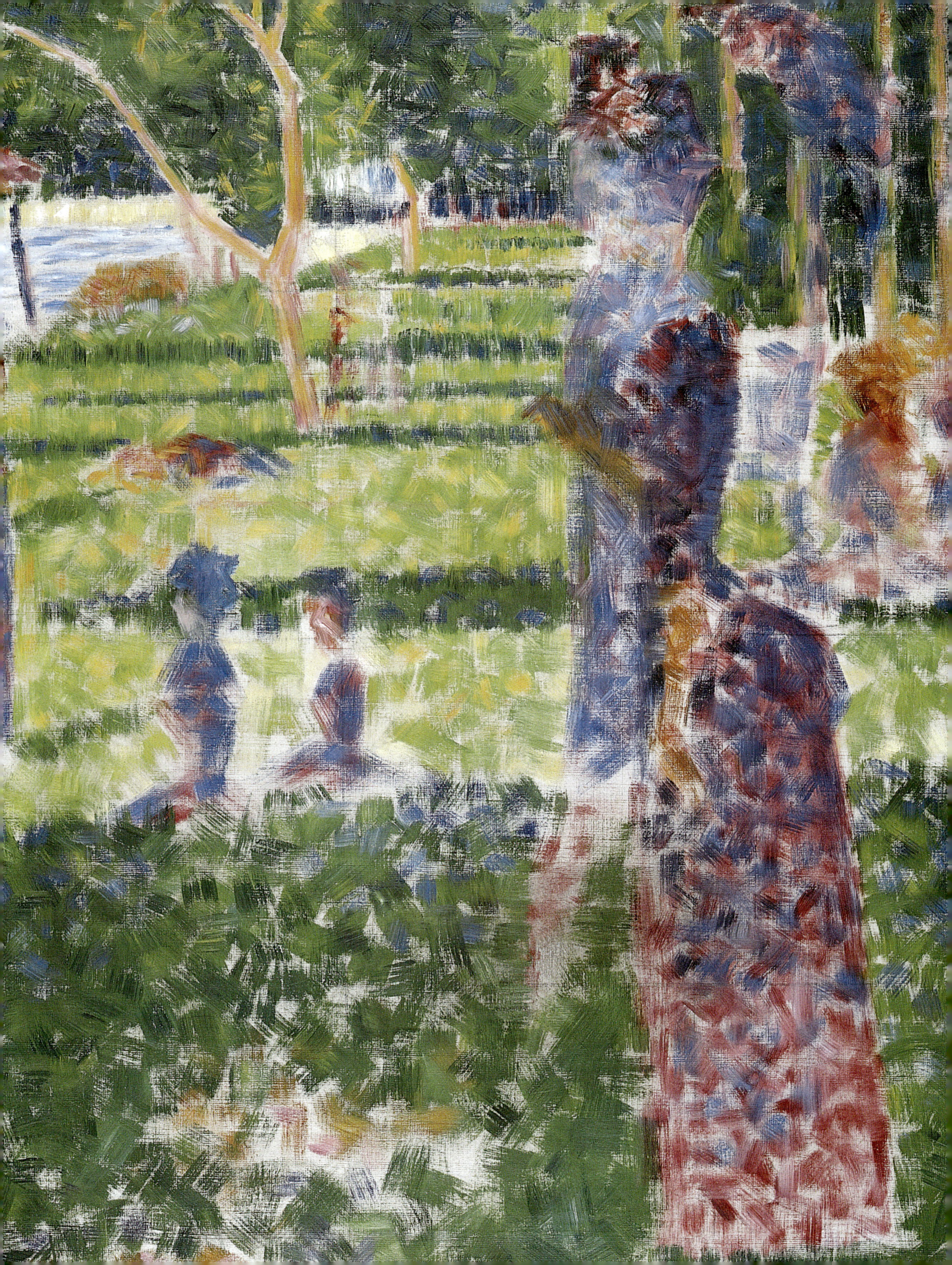

Vie et œuvre Georges Seurat 1859–1891

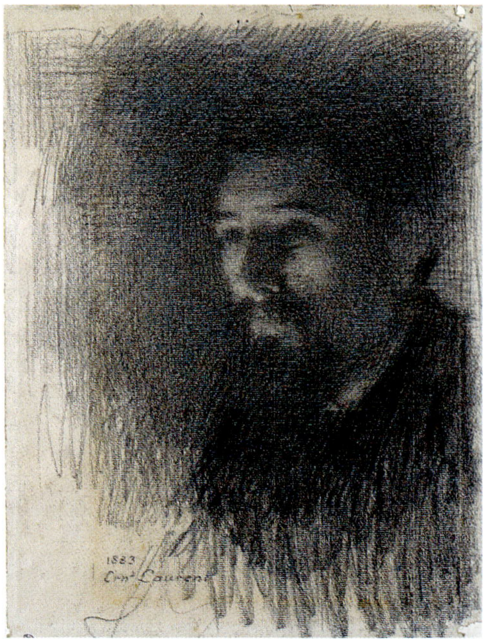

1859 Georges Pierre Seurat naît le 2 décembre au 60 rue de Bondy à Paris. Son père, Chrysostome Antoine Seurat, a été huissier à la Villette. Vivant de ses rentes dans sa résidence d'été au Raincy, il ne rend visite qu'une fois par semaine à sa femme et à son fils qui habitent depuis 1862 au 110 boulevard Magenta. La mère de Seurat, Ernestine Faivre, est issue d'une famille de Parisiens aisés de la classe moyenne. Ses rapports avec son fils sont étroits et chaleureux.

1869–1876 Durant sa scolarité, Seurat est initié à la peinture par son oncle maternel Paul Haumonté-Faivre, marchand de tissus et peintre amateur.

1875–1877 Seurat fréquente les cours de dessin d'une école du soir municipale dirigée par le sculpteur Justin Lequien. Il se lie d'amitié avec Edmond Aman-Jean. En 1876, il étudie la *Grammaire des arts* du dessin de Charles Blanc.

1878 En février, Seurat est admis avec Aman-Jean à l'École des Beaux-Arts et entre le 19 mars dans la classe de peinture d'Henri Lehmann, élève de Jean Auguste Dominique Ingres. Seurat étudie les Vieux Maîtres au Louvre.

1879 Seurat quitte l'École des Beaux-Arts et loue avec Aman-Jean et Ernest Laurent un atelier dans la rue de l'Arbalète.
À partir de novembre, il effectue une année de volontariat militaire à Brest. Dans un carnet d'esquisses, il collectionne outre de nombreuses figures des études représentant la mer, la plage et des bateaux. Il étudie l'ouvrage de David Sutter, *Les Phénomènes de la vision*.

1880 À son retour de Brest, le 8 novembre, Seurat loue non loin de l'appartement de ses parents une petite pièce au 19, rue de Chabrol où il peindra jusqu'en 1886 ses œuvres les plus importantes.

1881 Seurat lit la théorie des couleurs d'Ogden N. Rood et étudie avec méthode les tableaux de Delacroix. Il entreprend avec Aman-Jean de nombreuses excursions dans les environs de Paris.

1883 Pour la seule et unique fois, Seurat est représenté au Salon officiel avec un dessin, *Portrait d'Aman-Jean*. Il rencontre Puvis de Chavannes.

1884 Son premier grand tableau, *Une Baignade, Asnières* est refusé par le Salon.

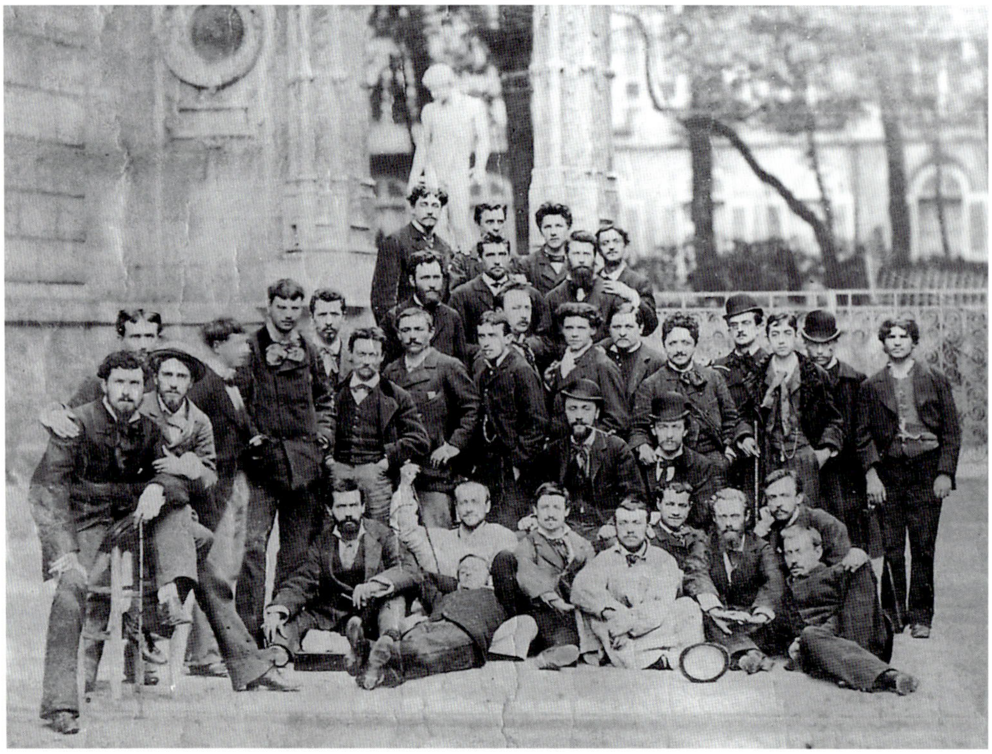

L'atelier Lehmann, 1878
Seurat est le sixième en partant de la gauche.

EN HAUT :
Ernest Laurent
Portrait de Seurat, 1883
Fusain, 39 x 29 cm, Paris, Louvre

PAGE 95, EN HAUT À GAUCHE :
Portrait de Signac, 1889–1890
Crayon Conté, 36,5 x 31,6 cm
Paris, Collection particulière

PAGE 95, AU MILIEU À DROITE :
Maximilien Luce
Seurat, 1890
Fusain et aquarelle, 25 x 21 cm
Paris, Collection particulière

Lettre de Seurat à M. Beaubourg, 28 août 1890
Paris, Collection particulière

Paul Signac
Portrait de M. Félix Fénéon, 1890
Huile sur toile, 73,5 x 92,5 cm
Collection particulière

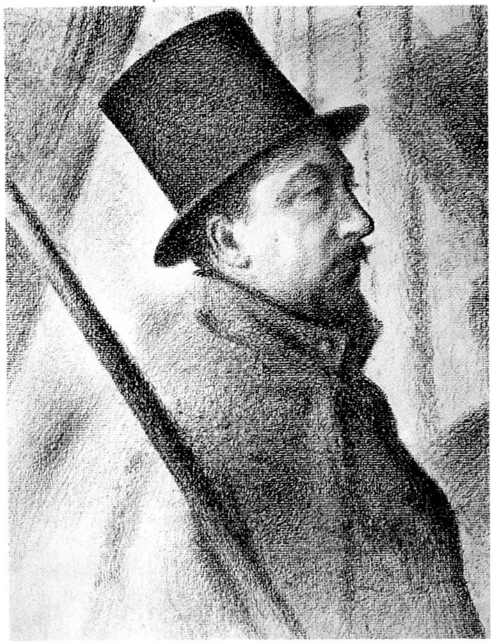

Seurat participe avec cette toile à l'exposition de la Société des Artistes Indépendants. C'est à cette occasion qu'il rencontre Paul Signac auquel il sera bientôt lié par une profonde amitié.
En décembre, Seurat présente une nouvelle fois aux Indépendants *Une Baignade, Asnières* ainsi que des premières études pour *Un Dimanche à la Grande Jatte*.

1885 En mars, Seurat achève *La Grande Jatte* sur lequel il a travaillé tout l'hiver. Signac l'introduit dans l'avant-garde artistique où il rencontre les écrivains symbolistes Paul Adam, Henri de Régnier et d'autres.
Il passe l'été à Grandcamp en Normandie.

1886 À partir du 15 mai, Seurat expose *Un Dimanche à la Grande Jatte* à la huitième et dernière exposition des impressionnistes. Le critique d'art Félix Fénéon explique la technique et le style de Seurat de façon très compétente. Fénéon lui fait rencontrer le jeune mathématicien et théoricien d'art Charles Henry dont les théories l'impressionnent fortement.
Seurat passe l'été à Honfleur. Le 26 août, l'exposition des Indépendants ouvre ses portes. Il y présente dix œuvres dont *Un Dimanche à la Grande Jatte*.
Grâce au poète belge Émile Verhaeren, Seurat est invité à la prochaine exposition du groupe d'avant-garde bruxellois Les Vingt. À l'automne, Seurat travaille sur *Les Poseuses* dans son nouvel atelier au 128 b, boulevard de Clichy.

1887 Le 2 février, Seurat participe avec Signac à l'ouverture du Salon des Vingt où il expose sept toiles dont *Un Dimanche à la Grande Jatte*. Initié par Signac apparaît le groupe des néo-impressionnistes qui rassemble des artistes utilisant la technique du pointillisme. Font partie de ce groupe : Albert Dubois-Pillet, Charles Angrand, Maximilien Luce et d'autres. Le 26 mars, Seurat présente aux Indépendants des études pour son nouveau tableau *Les Poseuses*. Durant l'été, il travaille sur cette toile et sur *La Parade* qui sont influencées par l'esthétique d'Henry.

1888 En janvier, Seurat et ses amis présentent leurs œuvres dans les locaux de la *Revue Indépendante* dirigée par Fénéon. Il expose au Salon des indépendants *Les Poseuses*, *La Parade* et huit dessins.
Seurat passe l'été à Port-en-Bessin sur la Manche où il réalise de nombreuses marines.

1889 En février, Seurat participe de nouveau à l'exposition des Vingt à Bruxelles. Il rencontre le modèle Madeleine Knobloch et commence à s'éloigner de ses amis, irrité par leurs querelles. Il habite à partir d'octobre avec son amie dans un atelier tenu secret dans le passage de l'Élysée-des-Beaux-Arts.

1890 Son fils Pierre Georges naît le 16 février. Seurat expose aux Indépendants *Le Chahut* et *Jeune Femme se poudrant*. Jules Christophe lui consacre un numéro de la série *Les Hommes d'Aujourd'hui* dirigée par Fénéon. Seurat passe les mois d'été à Gravelines sur la mer du Nord et réalise de nouveaux des marines.

1891 Le 7 février, le salon des Vingt ouvre ses portes à Bruxelles avec, entre autres, *Le Chahut* et six paysages de Seurat. Seurat expose le 16 mars au Salon des indépendants le tableau *Le Cirque* encore inachevé. Le 29 mars, il est emporté par une angine infectieuse contractée en préparant l'exposition. Il est enterré deux jours plus tard au Père-Lachaise. Peu de temps après, son fils succombe aussi à la même maladie. Le 3 mars, Paul Signac, Maximilien Luce et Félix Fénéon font l'inventaire de son atelier pour la succession.
Madeleine Knobloch reçoit quelques tableaux en héritage. Après quelques disputes, elle quitte la famille Seurat pour toujours.

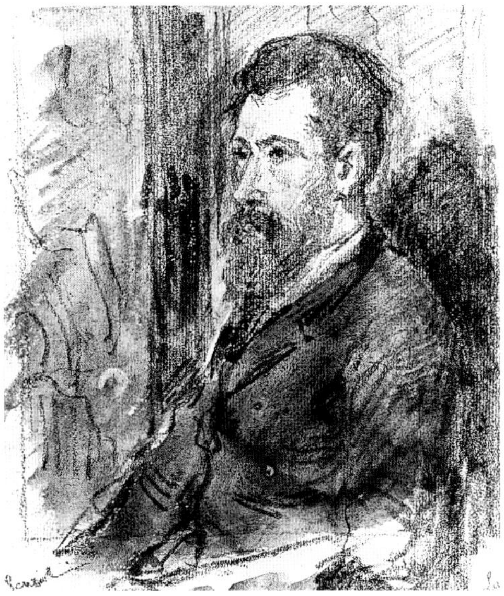

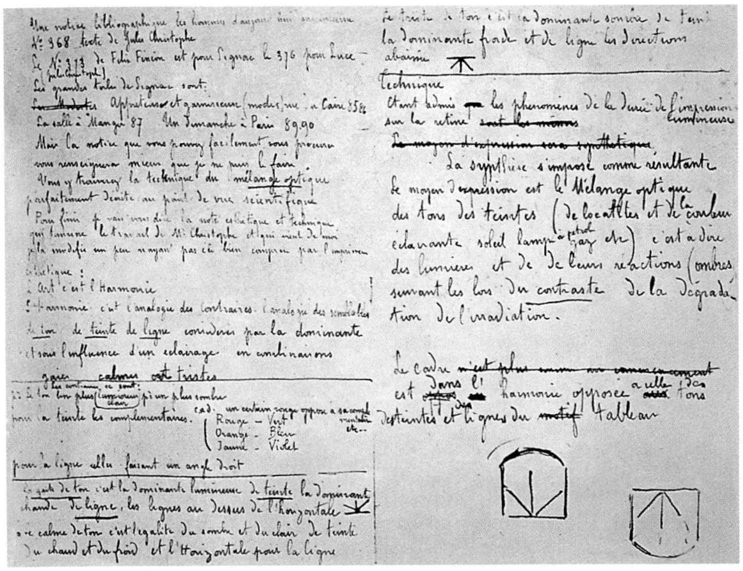

Une notice bibliographique les hommes d'aujourd'hui
N° 368 texte de Jules Christophe
Le N° 373 de Félix Fénéon est pour Signac le 376 pour Luce
(Jules Christophe)
Les grandes toiles de Signac sont:
Apprêteuse et garnisseuse (modes) rue du Caire 85-86
La salle à Manger 87 Un Dimanche à Paris 89-90
Mais la notice que vous pourrez facilement vous procurer vous renseignera mieux que je ne puis le faire.
Vous y trouverez la technique du mélange optique parfaitement décrite au point de vue scientifique
Pour finir je vais vous dire la note esthétique et technique qui termine le travail de M. Christophe et qui vient de moi
Esthétique :
L'Art c'est l'Harmonie
L'Harmonie c'est l'analogie des contraires, l'analogie des semblables de ton, de teinte, de ligne considérés par la dominante et sous l'influence d'un éclairage en combinaisons gaies, calmes ou tristes
Les contraires ce sont:
Pour le ton un plus (lumineux clair) pour un plus sombre
pour la teinte les complémentaires. c.a.d. un certain rouge opposé à sa complémentaire etc.
Rouge – Vert
Orange – Bleu
Jaune – Violet
pour la ligne celles faisant un angle droit
La gaité de ton c'est la dominante lumineuse de teinte la dominante chaude de ligne, les lignes au dessus de l'horizontale
Le calme de ton c'est l'égalité du sombre et du clair de teinte du chaud et du froid et l'Horizontale pour la ligne
Le triste de ton c'est la dominante sombre de teinte la dominante froide et de ligne les directions abaissées
Technique
Étant admis les phénomènes de la durée de l'impression lumineuse sur la rétine ~~sont les moins~~
La synthèse s'impose comme résultante
Le moyen d'expression est le Mélange optique des tons des teintes (de localités et de la couleur éclairante soleil lampe à pétrole gaz etc.) c'est à dire des lumières et de leurs réactions (ombres) suivant les lois du contraste de la dégradation de l'irradiation.
Le cadre est dans l'harmonie opposée à celle des tons des teintes et des lignes du tableau

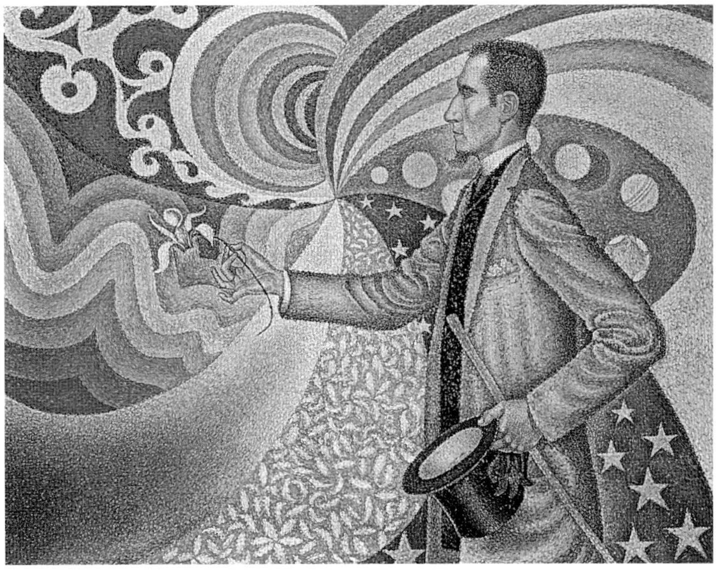

La maison d'édition remercie les musées, les archives et les photographes qui l'ont autorisée à reproduire les illustrations. Le copyright des oeuvres illustrées appartient, sauf indication spéciale ci-dessous, aux collections et institutions mentionnées dans les légendes et à la maison d'édition Taschen.

The Art Institute of Chicago. Photograph © 1998 All Rights Reserved: 37, 38 en haut, 42–43, 44, 45; Artothek – Joachim Blauel: 52 en bas; The Barnes Foundation, Merion, Photograph © Reproduced with the Permission of The Barnes Foundation™, All Rights Reserved: 53; Fondation Beyeler, Riehen/Bâle: 33; The British Museum: 35; Courtauld Gallery, Londres: 22, 49, 57, 68; Dumbarton Oaks House Collection, Washington, DC: 11 en haut; Fitzwilliam Museum, Cambridge: 18; Fitzwilliam Museum, Cambridge: By kind permission of the Provost and Fellows of King's College, Cambridge: 93; Courtesy of the Fogg Art Museum, Harvard University Art Museums: 63 à droite; David Heald © The Solomon R. Guggenheim Foundation: 12, 13, 16 en haut, 19; © 1990 Indianapolis Museum of Art: 74; Collection Kröller-Müller Museum, Otterlo, The Netherlands: 71, 72, 80; The Metropolitan Museum of Art: 6, 8 en haut et en bas, 38 au milieu et en bas, 39, 60–61; The Minneapolis Institute of Arts: 78, 79; Musée d'Art Moderne de Troyes, Daniel Le Nevé: 17; Musée des Beaux-Arts de Lyon, Photo Basset: 62; Musées Royaux des Beaux-Arts de Belgique: 48; The Museum of Modern Art, New York, © 1994: 16 en bas, © 1995: 46, © 1996: 65, © 1997: 76, © 1998: 77, © 1999: 83; © National Gallery, Londres: 20, 26 en bas, 28–29, 31, 32; © National Gallery of Art, Washington, 1998 Board of Trustees: 52 en haut; The National Gallery of Scotland, Edimbourg: 23, 27, 89; Nationalmuseum Stockholm: 24 deuxième en partant du haut; Yale University Art Gallery, New Haven: 26 en haut; Norton Simon Art Foundation, Pasadena, CA: 10 à gauche; Philadelphia Museum of Art: 4, 59; The Phillips Collection, Washington, D. C.: 24 en haut; © RMN, Paris: 2, 50; © RMN – Michèle Bellot: 11 en bas à gauche; © RMN – C. Jean: 94 en haut à droite; © RMN – Hervé Lewandowski: 9, 30 en haut, 66, 69, 82, 87, 88; © RMN – René-Gabriel Ojeda: 54, 55; © RMN – Jean Schormans: 86, 90; Smith College Museum of Art, Northampton: 34; Stiftung Sammlung E. G. Bührle, Zurich: 58; Tate Gallery, Londres 1998: 47; Van Gogh Museum (Vincent van Gogh Foundation), Amsterdam: 63 à gauche; Malcolm Varon, N. Y. C. © 1998: 95 en bas à droite; Von der Heydt-Museum, Wuppertal: 40, 41.